HARMONIA
Método Prático

MODALISMO

(Acompanha um CD)

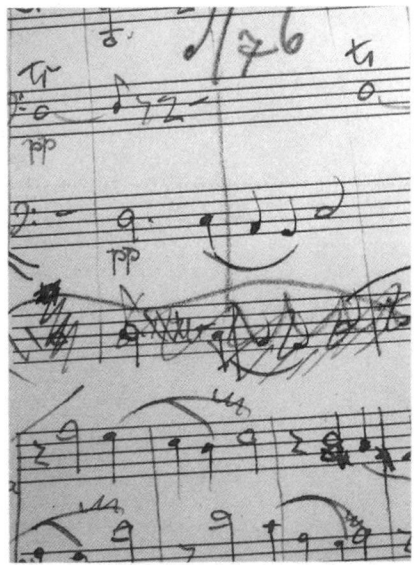

IAN GUEST
3

Nº Cat.: HEMP3

Irmãos Vitale Editores Ltda.
vitale.com.br
Rua Raposo Tavares, 85 São Paulo SP
CEP: 04704-110 editora@vitale.com.br Tel.: 11 5081-9499

© Copyright 2016 by Irmãos Vitale Editores Ltda. - São Paulo - Rio de Janeiro - Brasil.
Todos os direitos autorais reservados para todos os países. *All rights reserved.*

```
CIP-BRASIL. CATALOGAÇÃO NA FONTE
SINDICATO NACIONAL DOS EDITORES DE LIVROS — RJ.
```

G335h

Guest, Ian, 1940-
    Harmonia método prático : modalismo / Ian Guest. -- 1. ed. -- São Paulo : Irmãos Vitale, 2017.
    88 p. : il. ; 28 cm.

Apêndice
Inclui índice
Acompanhado de CD
introdução, agradecimentos, nota biográfica
ISBN: 978-85-7407-463-4

1. Harmonia (Música).
    I. Título.

17-39425.

CDD: 781.25
CDU: 781.4

31/01/2017   02/02/2017

Capa:
Rafael Paiva

Imagens:
Ian Guest

Revisão musical:
Felipe Moreira

Revisão de texto:
Gustavo Fechus

Diagramação e digitação:
Marcos Teixeira

Coordenação editorial:
Roberto Votta

Produção executiva:
Fernando Vitale

Músicos que gravaram o CD:

violão: Juliano Camara

piano: Gabriel Geszti

violino: Ayran Nicodemo

clarinete: Paulo Sérgio Santos

Gravação: Estúdio Umuarama - Rio de Janeiro

Data de gravação: julho de 2016

Produção e mixagem: Rodrigo de Castro Lopes

"Criatividade pode levar à disciplina, mas disciplina não levará à criatividade." — citação de Regina Bertola

"Criança sabe. Porque não sabe que não sabe."

"Qualquer criança saudável improvisaria se lhe fosse permitido." — Zoltán Kodály

"Ser me ocupa bastante."

IAN GUEST

Húngaro radicado no Brasil desde 1957, Ian é Bacharel em composição pela UFRJ (1973) e pela Berklee College of Music, USA (1979) ("*Magna cum laude*"). Compositor, diretor, arranjador com atuação em discos, teatro, cinema e publicidade, é precursor da didática aplicada à música popular e introdutor do Método Kodály de musicalização no Brasil. Professor visitante e de extensão em universidades, sócio-fudador do "Clube de Jazz e Bossa" — Beco das Garrafas RJ (1967), funcionário dos Estúdios Odeon/EMI — RJ (1960-1966), coordenador da Produção Nacional da gravadora CBS — RJ (1970-1973), mestre voluntário de musicalização em Tiradentes — MG (2016), professor, palestrante e oficineiro em festivais e escolas de música por todo o país, fundou o Centro Ian Guest de Aperfeiçoamento Musical (CIGAM) no Rio de Janeiro — RJ em 1987; e em Mariana — MG em 2004. Colaborador das editoras Lumiar (Almir Chediak) e Terra dos Pássaros (Toninho Horta), Ian também é autor de livros/CDs publicados pela Lumiar Editora e Irmãos Vitale: *Arranjo, método prático* (1996) em 3 volumes; *Harmonia, método prático* volumes 1 e 2 (2000), volume 3 (2016) e *16 estudos, escritos e gravados para piano* (2000).

Escapando do nosso Ocidente organizado e regrado, vamos agora olhar para o mundo (do qual fazemos parte) e degustar sua música. Dizem que a cultura se alimenta de ingenuidade. Ingenuidade vem da raiz, raiz nasce da terra, terra onde pisamos. A terra é a gente. Queremos saber o que somos. Somos feitos de emoção, brotando daí nossos cantarolar e tamborilar. Povo e música por todo lado. E nós, ávidos por conhecer mais. Atrás de morro vem morro, diz o mineiro.

Pois bem, modalismo nada mais é do que modos e modas de todos os lugares e tempos. Entraremos em contato com culturas que nos rodeiam. Ainda assim, não passam do infinitésimo, dentro do infinito. Nossa própria história musical, sucessão de transformações e cada vez mais diluída pela globalização, implora pela volta às raízes. Vamos falar de modalismo. Conhecer e entender um pouco o que nos chega ao ouvido e ao coração, por meio das brumas do passado e das asas do vento.

Para representar a imensidão do universo dos sons, encontrei 73 exemplos modais e os organizei pelo que tenho a dizer. Utilizei-os para demonstração, exercícios e percepção, seguidos por comentários, como o faço em aula.

No fim das contas, a linguagem modal é tão cativante que a gente logo entende. Bastam uns toques para virar música. O próprio som das escalas feitas pelas notas modais, muito belas e expressivas, já é mais que meio caminho para compor. Criar e descobrir: quanta alegria! Razão deste livro.

o autor

ROTEIRO

5ª PARTE – HARMONIA MODAL

A. MODALISMO 9

    1 Conceito 9

    2 Propriedades 9
- Fontes da melodia 9
- Da importância do solfejo relativo 10
- Escalas naturais 10

B. APRESENTAÇÃO DOS MODOS NATURAIS 14

    1 Os modos 14
- Jônio 14
- Mixolídio 18
- Lídio 20
- Eólio 21
- Dórico 23
- Frígio 25
- Lócrio 27

    2 Fusão dos modos naturais 28

    3 Mudança de centros modais 30

    4 Um único acorde para cada modo 33

C. APRESENTAÇÃO DOS MODOS FOLCLÓRICOS 34

    1 Série harmônica 34

    2 Os modos
- Nordestino 35
- Blues 39
- Blues menor 41
- Blues no Brasil 43
- Orientais 48

D. FUSÃO MODAL / TONAL 59

E. APRESENTAÇÃO DOS MODOS SINTÉTICOS 65

F. RESOLUÇÃO DOS EXERCÍCIOS 70

5ª PARTE
HARMONIA MODAL

| A | ♦ MODALISMO |

1 Conceito

A música acompanha o homem desde os tempos mais remotos de sua história. Outrora, a comunidade celebrava suas reuniões com dança, ritmo e cantoria. O canto e seu ritmo coordenavam os movimentos na dança e no trabalho. A música, em todas as manifestações, expressava emoção na alegria, no pesar, no júbilo.

Mais recentemente, nos últimos séculos, a música subiria ao palco e passaria a ser oferecida frente a um público que, por sua vez, lhe assistiria de braços cruzados. De ritual, passaria a entretenimento, com ingressos pagos e músicos remunerados. Planejada, organizada e escrita, já não permitiria a participação de todos, ficando sua execução restrita aos músicos que soubessem lê-la ou a conhecessem por memória. Passaria, na linguagem dos sons, a uma espécie de narrativa. Criar-se-ia um enredo com expectativas e desfechos, visando conquistar e prender a atenção, e proporcionar emoção aos ouvintes.

Inevitavelmente, a música procurava novos e mais sofisticados recursos, caminhando rumo à elitização. A provocação seria esta: movimentar e repousar, preparar e resolver. O responsável pelo repouso era a nota central chamada tônica, que pairava no decorrer da música e que a finalizava. Surgia o tonalismo, contemporâneo à revolução industrial e ao mercado de consumo. Tonalismo passou a ocupar o espaço ocidental do globo, colocando o modalismo na retaguarda, relegando-o à história. Visto que a música modal é universal e atemporal, enquanto a tonal é criação recente da cultura ocidental, esta oferece regras estabelecidas, ao passo que a primeira não tem limites.

O tonalismo, portanto, apresenta formas determinadas relativamente à melodia, ao ritmo e à harmonia. Sua harmonia, convencional, é o que já havíamos abordado no 1º e 2º volumes deste livro.

Por sua vez, o modalismo pertence ao mundo, porque reflexo de culturas regionais que cobrem o globo terrestre, feito mosaico em cores e em formas infinitas.

Examinar o modalismo em música, sua harmonia em particular, é o objetivo deste 3º volume. Como veremos, modal e tonal são dois lados opostos da música.

2 Propriedades

A música modal é simples e cativante, convidando todos a participar. Sua riqueza está na interpretação, livre para quem nela ingressar, trazendo a marca das mais diversas culturas. Suas fontes são de mananciais infinitos: sonoridade de instrumentos artesanais, pulsação rítmica envolvente e estimulante. Elementos melódicos, rítmicos e acompanhamentos fundem-se, são inseparáveis. No entanto, a melodia, sempre soberana, domina a arte dos sons.

- Fontes da melodia

O intervalo conhecido como oitava pode ser dividido por qualquer número de notas musicais situadas em distâncias regulares ou irregulares entre si. Por exemplo, tem-se notícia de escalas chinesas com mais de vinte notas dentro da oitava, escalas gregas com mais de trinta disposições de notas. E, claro, toda gama de sons que possa ser imaginada se oferece.

Em termos de nossa cultura ocidental, doze notas cromáticas dividem a oitava. Quanto ao seu uso, em modalismo encontra-se uma disposição limitada delas, raramente as doze. Suas fontes podem ser reconhecidas por três critérios:

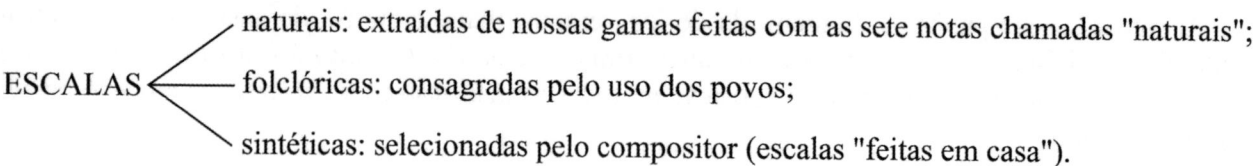

ESCALAS
- naturais: extraídas de nossas gamas feitas com as sete notas chamadas "naturais";
- folclóricas: consagradas pelo uso dos povos;
- sintéticas: selecionadas pelo compositor (escalas "feitas em casa").

Em tempo: escalas são fontes da melodia.

- **A importância do solfejo relativo**

A notação musical cuida de registrar, sobre a pauta, a música em suas devidas alturas e tonalidades. Entretanto, é dom percebermos e cantarmos qualquer melodia em _do_ maior e _la_ menor, com toda naturalidade — em particular as nossas músicas convencionais (tonais), da cultura ocidental. O objetivo do solfejo relativo é criar o reflexo de cantar e ouvir a música em _do_ maior e _la_ menor não importa em que tonalidade ela seja anotada. A percepção melódica se dá pela função melódica em relação à nota do repouso; a tônica. (A exemplo da percepção rítmica que se dá pela função métrica em relação à pulsação.)

SOLFEJO ABSOLUTO

Solfejar dando o nome real de cada nota remete apenas à sua localização, não informa a música, não leva a entendê-la e deve ser descartado. Música não é feita de notas, mas de linhas melódicas! É evidente que as duas abordagens, solfejo relativo e absoluto, "batem de frente", são mutuamente excludentes, impossíveis de conviver. Desista definitivamente do solfejo absoluto, é inútil chamar as notas pelo seu nome real! Isso não leva a nada.

COMO EMPREGAR O SOLFEJO RELATIVO?

- **Escalas naturais**

Utilizando-se sempre das 7 notas naturais, cada uma pode gerar um modo. Escalas com as mesmas notas são relativas entre si.

Exemplo 01

MODOS DO TIPO MAIOR

Exemplo 02

MODOS DO TIPO MENOR

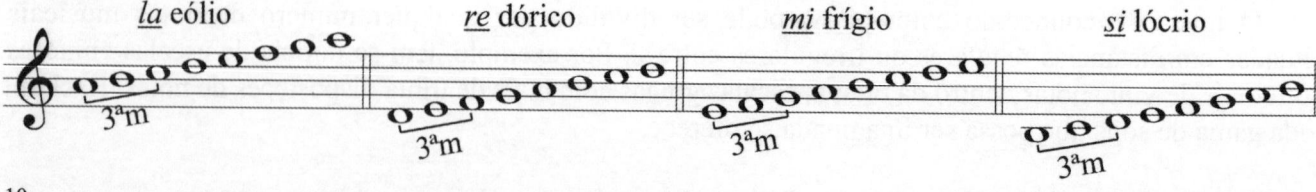

Exercício 181 Cante as escalas, cada uma ascendente e descendente, em uma região confortável de sua voz. Comece a partir de *do*, depois a partir de *re*, etc., até chegar à última, a partir de *si*. Pronuncie o nome de cada nota, solfejando-as. faixa 01

Escalas do tipo maior

São os modos jônio, lídio e mixolídio.

Na ilustração a seguir, foi anotado acima da pauta o nome real de cada nota. Entretanto, ao solfejar as notas (cantá-las dando-lhes os respectivos nomes), todas as 3 devem começar em *do*, conforme anotado debaixo da pauta. E a nota inicial *do* deve ser cantada com o mesmo som.

No modo lídio a 4ª nota *fa* será alterada para ***fi*** (em negrito), e no modo mixolídio a 7ª nota *ti* alterada para ***ta*** (em negrito). São as notas características (NC) dos respectivos modos. Observe: *ti* substitui *si*.

Exercício 182 Agora, cante as escalas a partir do mesmo som. São as escalas homônimas iniciando-se na mesma nota, conforme anotado debaixo da pauta.

faixa 02 apresenta as duas maneiras de solfejar: absoluto e relativo, indicadas na ilustração acima.

Com essas práticas, chegou o momento de facilmente compreendermos a utilidade e a importância do solfejo relativo, também chamado de "*do* móvel". Sem esse artifício, inédito para muitos, dificilmente poderíamos identificar as escalas pelo som, pois só percebemos o que cantamos.

Escalas do tipo menor

O procedimento com as escalas do tipo menor será o mesmo do tipo maior. A demonstração agora terá *la* menor como base. Os nomes de cima: solfejar com notas, todas naturais, em *la* menor (a base, sem NC), para nela indicar a posição de cada escala do tipo menor.

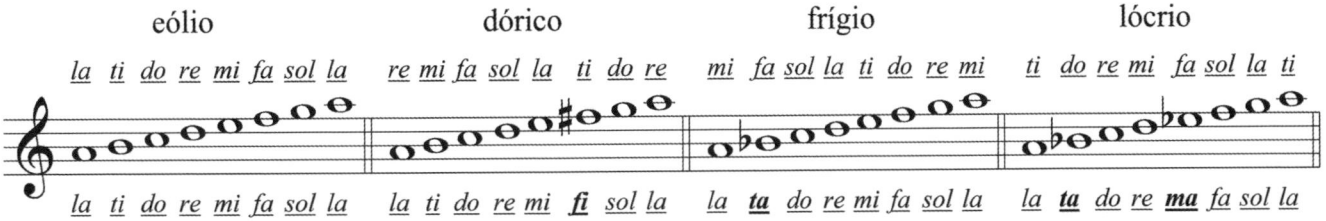

Os nomes de baixo: chamar de *la* a primeira nota, sempre. Solfejar todos a partir do mesmo som.
Então aparecem as notas características (NC) ***fi*** em dórico, ***ta*** em frígio, ***ta*** e ***ma*** em lócrio.

Exercício 183

a) escalas com as mesmas notas, de tônicas diferentes, são - - -

b) escalas com a mesma tônica, de nota(s) diferente(s), são - - -

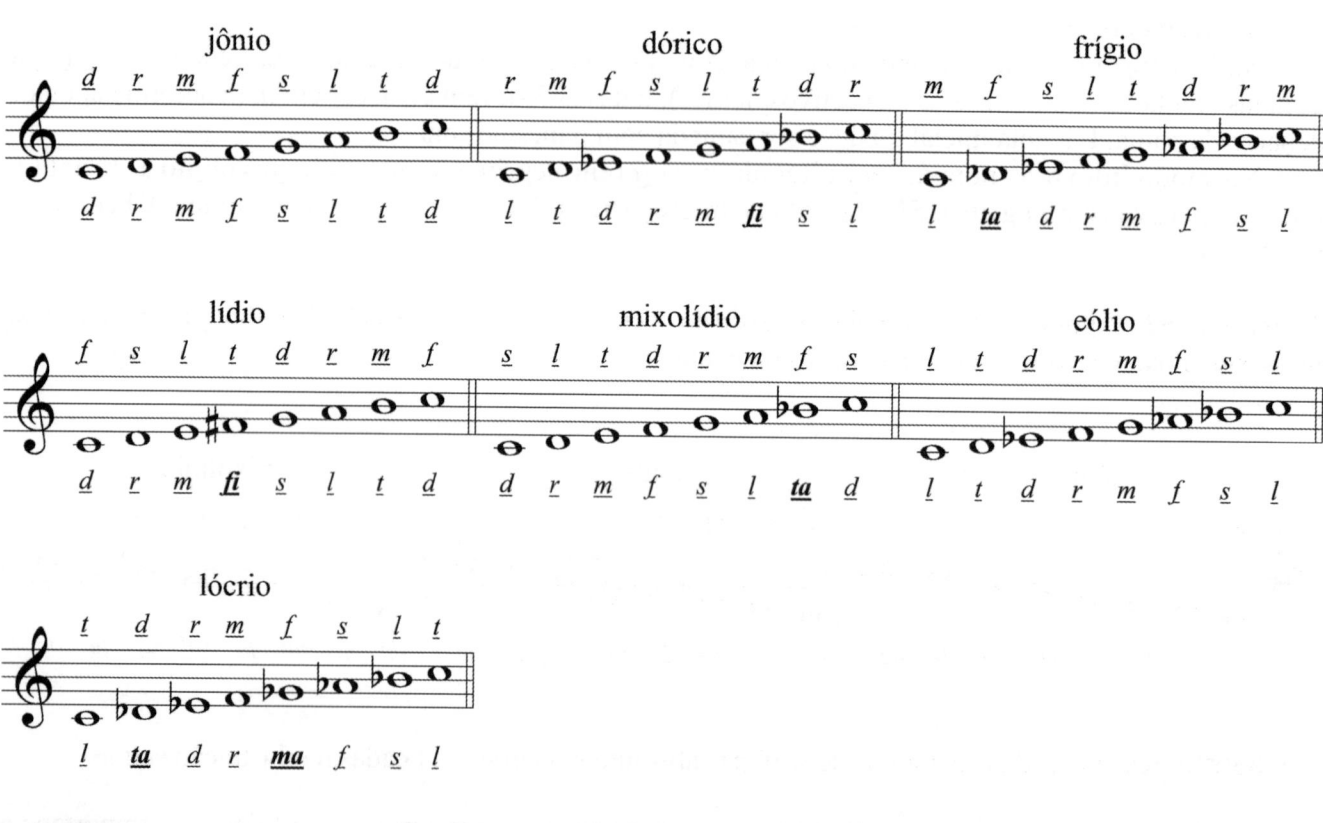

faixa 03

Estamos agora fazendo a revisão de todas as sete escalas naturais, anotadas e cantadas a partir da mesma nota. (Jamais utilizar instrumentos no decorrer dessa prática!) O solfejo será feito de duas maneiras, lembrando-se de que a melodia da escala não muda, nem a sua 1ª nota. A nomenclatura de cima informa a posição que a referida escala ocupa, e sempre utiliza as sete notas naturais, que formam os modelos *do* maior e *la* menor. Já os nomes embaixo partem sempre da nota *do* ou *la*, conforme se tratar de modo tipo maior ou menor. Aparecem, então, as NC's no solfejo, salvo os dois modelos: jônio e eólio. A prática do solfejo deve alternar os dois tipos de nomenclatura. A de cima demonstra as origens; a de baixo, a prática.

Aproveitando esse treino prévio, vamos daqui para frente empregá-lo na prática, solfejando as melodias do capítulo "Apresentação dos modos naturais" — excelentes exemplos para solfejo, em sua singeleza e beleza. Para dar a dica, aparecerá o nome da primeira nota do solfejo, em cada canção.

CONCLUSÃO

Acabamos de ver que o solfejo relativo resolve a leitura do conteúdo musical. A escolha do tom não afeta o solfejo e visa ao conforto do intérprete; para a sua notação foi criado um sistema padronizado utilizando diferentes claves e armaduras.

Exemplo 03   "*Marcha soldado*" *(folclore)*

A música foi anotada em _do_ maior (zero acidentes) em 4 diferentes claves: clave de _sol_, clave de _fa_, clave de _do_ na 4ª linha (clave tenor), _do_ na 3ª linha (clave contralto).

Exercício 184   Usando o mesmo visual da versão clave _sol_, qual armadura colocar a) em clave _fa_ b) em clave _do_ na 4ª linha c) em clave _do_ na 3ª linha?

Exercício 185   Usando o mesmo visual da versão clave _fa_, qual armadura colocar a) em clave _sol_ b) em clave _do_ na 4ª linha c) em clave _do_ na 3ª linha?

Exercício 186   Usando o mesmo visual da versão clave _do_ na 4ª linha, qual armadura colocar a) em clave _sol_ b) em clave _fa_ c) em clave _do_ na 3ª linha?

Exercício 187   Usando o mesmo visual da versão clave _do_ na 3ª linha, qual armadura colocar a) em clave _sol_ b) em clave _fa_ c) em clave _do_ na 4ª linha?

Exercício 188   Em todos os visuais apresentados acima, como o trecho será solfejado?

B ♦ APRESENTAÇÃO DOS MODOS NATURAIS

As músicas, os exemplos e os exercícios a seguir são apresentados em forma de melodias cifradas. Usaremos acordes convencionais (ou cifráveis) para melhor representar a ideia da harmonia modal. A soma das notas da melodia e da harmonia irá determinar o modo, com suas NC's, e a insistência do centro modal. Fazer a análise dos graus que ocupam será irrelevante. Mais vale observar a sequência dos acordes com ênfase no centro modal (I grau) e eventual presença das NC's (notas características) quando os modos não são "modelo" (jônio ou eólio). Estes últimos não apresentam NC's por serem referência para o ouvido de nossa cultura ocidental. Essa observação também se aplica à linha melódica. A progressão dos acordes é fortemente influenciada pela linha do baixo. Resultam em acordes invertidos frequentes, além da utilização, não menos frequente, do baixo pedal, uma só nota sustentada por vários acordes. Deve-se tomar cuidado com o acorde de estrutura dominante. Só usá-lo quando não tiver a função preparatória. O acorde diminuto que prepara também sugere cuidado. Esses acordes, evitados, são colocados entre parêntesis.

Aproveite e solfeje os 23 exemplos e exercícios em modos naturais. O nome solfejado da primeira nota é sempre indicado, para o solfejo relativo.

1 Os modos

- Jônio   Este modo é a própria escala maior.

Exemplo 04

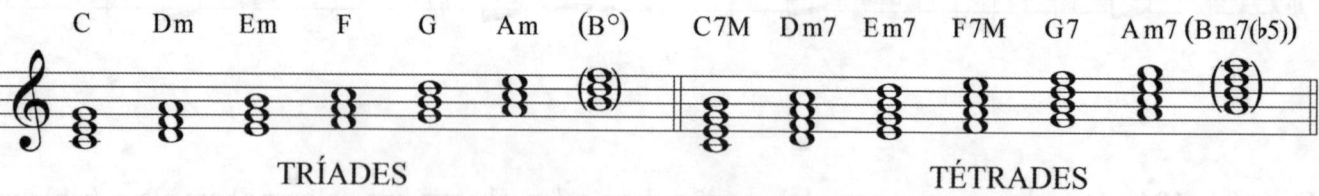

TRÍADES   TÉTRADES

A apresentação desses acordes, no <u>modo</u> de <u>do</u> jônio, é idêntica ao <u>tom</u> de <u>do</u> maior, no capítulo "Harmonia no tom maior", no 1º volume. Diferente será, porém, o emprego em modalismo. A seguir:

Exemplo 05   Algumas pequenas progressões, começando e terminando no I grau:

‖ C | G F | C   ‖ C | G/B Em | C   ‖ C G/C | F/C Dm/C | C   ‖

Invente outras progressões jônias, em centros modais diferentes.

É curioso observar que, ao contrário do tonalismo, em que a linha do baixo "costuma" se movimentar em 5as descendentes, no modalimo as 4as descendentes são bem-vindas no movimento do baixo, particularmente nas cadências finais.

TONALISMO: O BAIXO SE MOVIMENTA EM 5as DESCENDENTES

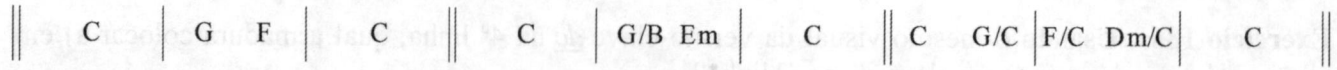

MODALISMO: O BAIXO SE MOVIMENTA EM 4ᵃˢ DESCENDENTES

|| C | G | Dm | Am | Em | B♭ F | C ||

Observar: ① o uso de tétrades no tonalismo e de tríades no modalismo;
② neste último exemplo, B° foi substituído por B♭ para evitar o uso do acorde diminuto;
③ no tonalismo e no modalismo, a linha do baixo se movimenta em sentidos opostos.

Exemplo 06   *"Correnteza" (Tom Jobim/Luiz Bonfá)* início:

faixa 04

Podem ocorrer, embora raramente, notas estranhas ao modo, na harmonia ou na melodia. Na harmonia acima, dois momentos assim são assinalados em retângulo: ambos incluem nota cromática para enriquecer a condução das vozes intermediárias.

Exercício 189

Ouça a gravação e perceba a harmonia de um trecho de *"Let it be"* (John Lennon/Paul McCartney) em *do* maior, colocando-a em cifras.

    1º passo: ouvir;
    2º passo: cantar a nota do centro modal;
    3º passo: cantar o modo jônio, ascendente e descendente, a partir daquela nota;
    4º passo: tudo pronto para a percepção;
    5º passo: toque a harmonia com a gravação;
    6º passo: escreva-a em cifras.

faixa 05

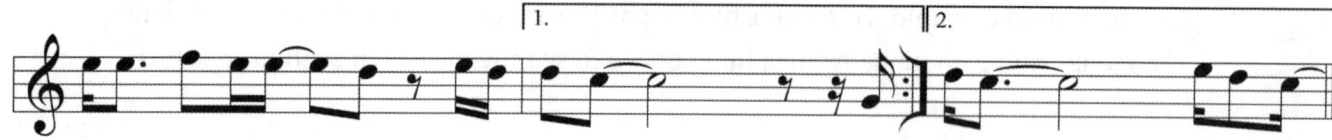

Exercício 190

Faça uma harmonia para *"Beco do Mota" (Fernando Brant/Milton Nascimento)* anotada abaixo e gravada. Procure criar, primeiro, a linha do baixo: resultando em alguns acordes invertidos. Não se esqueça de usar somente notas naturais da escala de *do* jônio, tal como acontece na melodia.

Depois, consulte uma sugestão para a harmonia, no final do livro.

faixa 06

Exemplo 07 Para finalizar o modo jônio, segue *"Ponta de areia"* (Fernando Brant/Milton Nascimento), extraída da interpretação do compositor. faixa 07

Procure outras músicas em modo jônio.

- Mixolídio

Exemplo 08

O modo mixolídio consiste na escala maior com a 7ª m:

Em <u>*do*</u> mixolídio, a melodia e os acordes apresentam <u>*si*</u>♭: solfejada <u>*ta*</u>.

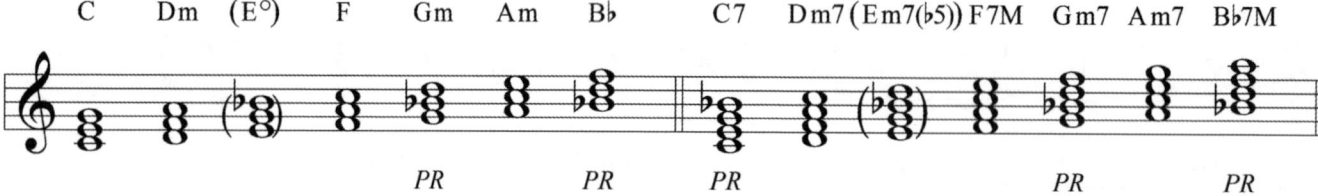

Os acordes que incluem a nota característica (NC) chamam-se <u>acordes primários</u>. Estão assinalados com *PR*. Já os acordes diminutos são evitados no modalismo e estão entre parênteses.

Cadências – curtas progressões com 3 ou 4 acordes – começando e terminando em I grau para deixar claro o centro modal, devem incluir *PR*. Convém observar que harmonia é complemento de melodia, e inclui a NC.

Nunca deixe de cantar a escala do modo estudado, ascendente e descendente, no caso de mixolídio (observe a página 11).

Exemplo 09

Cadências mixolídias:

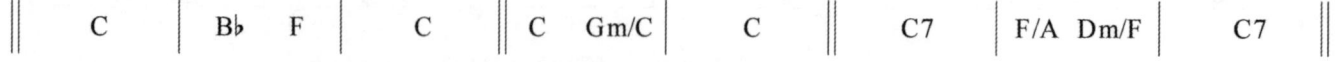

Localize os acordes primários (*PR*) nos exemplos acima.
Invente outras cadências.

Exemplo 10   "Asa Branca" (Luiz Gonzaga/Humberto Teixeira)   faixa 08

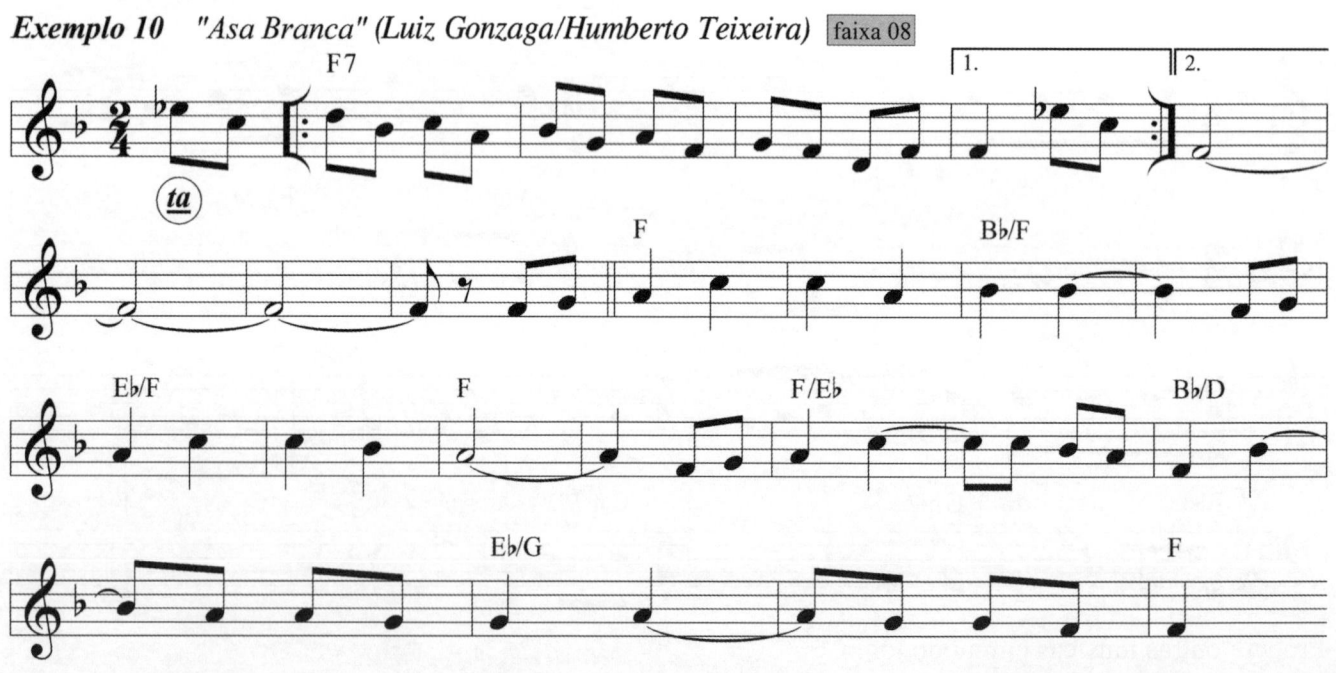

Exemplo 11   "O ovo" *(Geraldo Vandré/Hermeto Pascoal)*   faixa 09

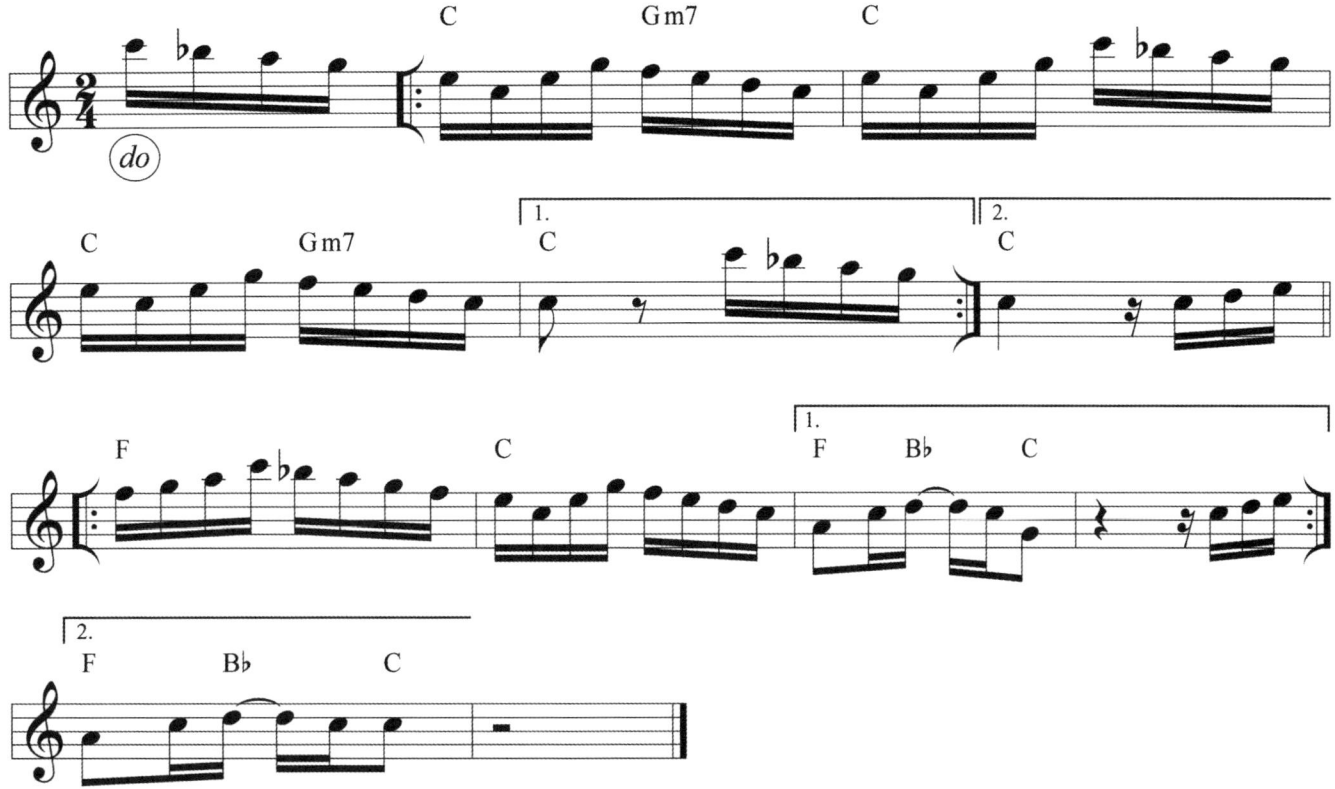

Exercício 191
Aqui está um trecho de *"Caminho de pedra"(Tom Jobim/Vinícius de Moraes)*. Faça uma harmonia e, na repetição, outra.
Recursos:
- linha de baixo prioritária resultando em inversões;
- baixo pedal;
- livre escolha de acordes pela beleza da sequência.

Ouça a melodia e acompanhe com sua harmonia.
Escreva as cifras por cima da melodia. Depois confira sugestão no final do livro. faixa 10

Exercício 192
Componha uma melodia em modo mixolídio. Comece e termine com a nota do centro modal. A NC deve aparecer na melodia, para soar mixolídio. Em seguida, harmonize-a, sempre em mixolídio, e coloque as cifras.

Exercício 193

Faça uma bela sequência de acordes no modo mixolídio. Não se esqueça das barras de compasso, imaginando ser a harmonia de uma canção. Agora, crie a melodia com esse acompanhamento inventado, em uma "levada" de sua preferência.

Sugestão de músicas com trecho mixolídio:

> Juazeiro (Luiz Gonzaga/Humberto Teixeira);
> Mangaratiba (Luiz Gonzaga/Humberto Teixeira);
> Paula e Bebeto (Caetano Veloso/Milton Nascimento);
> Volks Volkswagen blue (Gilberto Gil).

Procure outras músicas que usem esse modo!

- Lídio   Consiste na escala maior com 4ª aum.

Exemplo 12

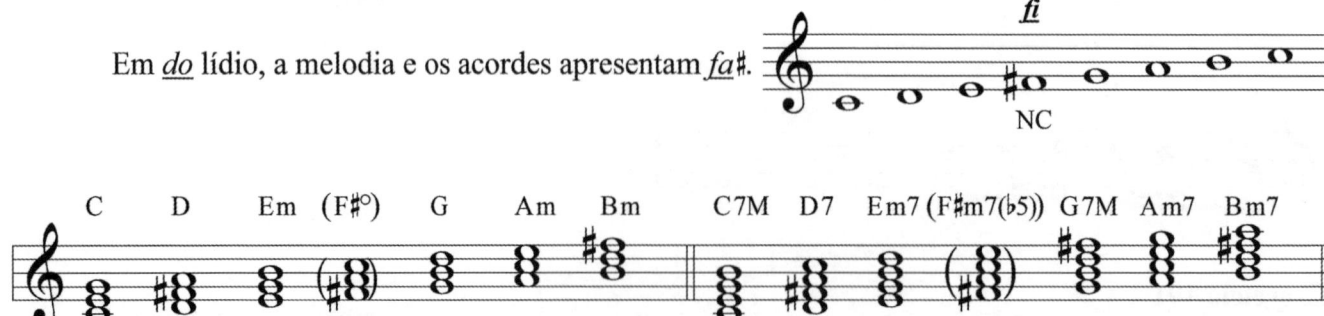

Cante o modo lídio, ascendente e descendente, usando os nomes do solfejo relativo. Observe a página 11.

Exemplo 13   Cadências lídias:

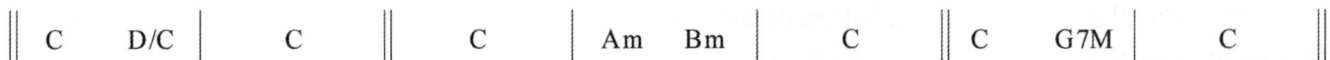

Localize os acordes primários (*PR*). Invente outras cadências.

Exemplo 14 faixa 11

"Trilhos Urbanos" (Caetano Veloso)

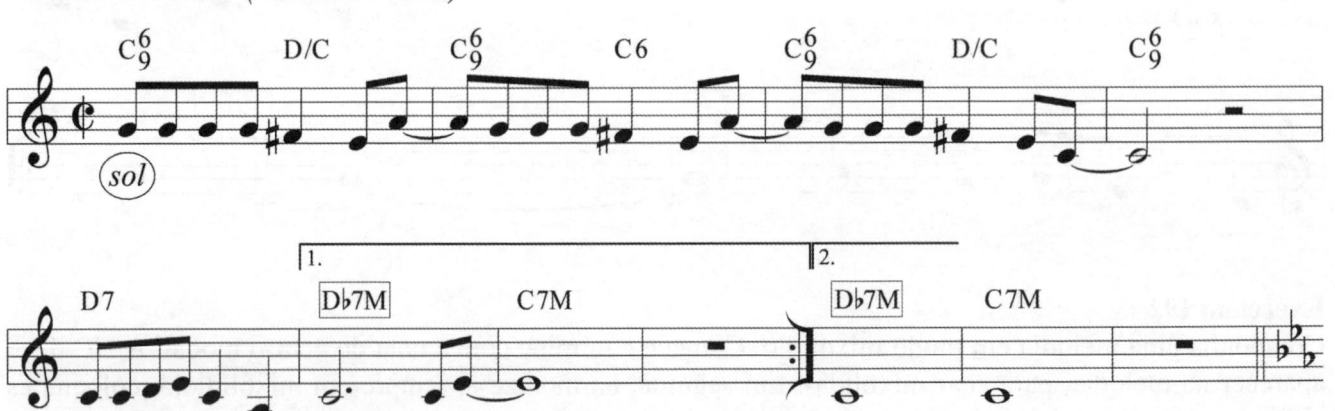

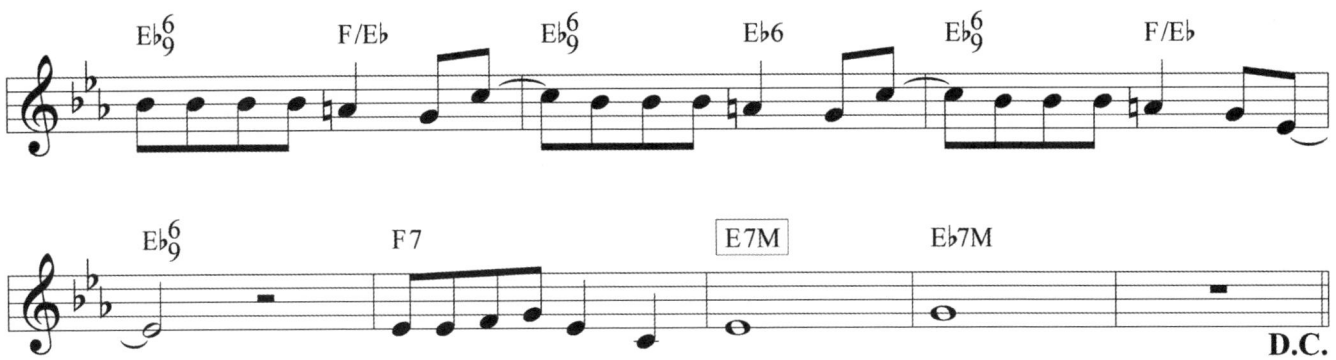

As cifras Db7M e E7M realçadas em retângulo, apresentam notas estranhas ao modo.

Exercício 194

Ouça a melodia harmonizada. Em seguida, escreva as cifras dos acordes que está ouvindo, por cima da melodia.

"Melodia A".

Sugestão: invente progressões, melodias e improvisos no modo lídio. Procure outras músicas que também usem esse modo.

- Eólio   Este modo é a própria escala menor natural.

Exemplo 15

Mantendo a mesma nota central dos modos maiores, usaremos agora, nos menores, a armadura de *do* menor (3b).

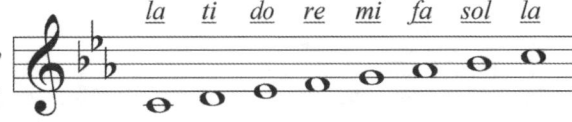

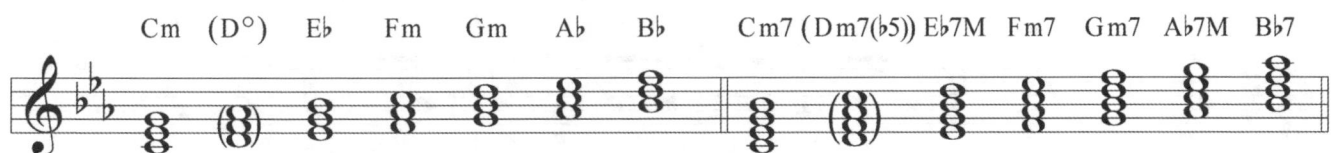

A apresentação desses acordes, no modo de *do* eólio, é idêntica ao tom de *do* menor. Por isso foi anotado com armadura de 3 bemóis. (No tonalismo, entretanto, temos também a nota *si*♮, criando o som preparatório G7:)

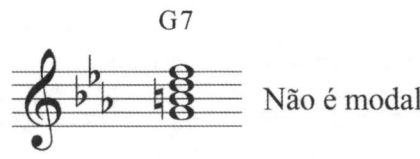

Não é modal

Exemplo 16   Cadências eólias:

|| Cm | A♭ B♭ | Cm || Cm | B♭/D Gm/B♭ | Cm ||

Invente outras cadências.

Exemplo 17   *"Tigresa" (Caetano Veloso)* faixa 12

Exercício 195   Ouça um trecho de *"O cio da terra" (Milton Nascimento/Chico Buarque)* e escreva as cifras por cima da melodia.

Está em *la* eólio, exceto o último acorde: D em função da melodia.

Exercício 196 Ouça a melodia de *"Pra não dizer que não falei das flores" (Geraldo Vandré)*. Faça-lhe uma harmonia, escrevendo as cifras sobre a linha melódica. Não se esqueça de usar acordes invertidos, o que pode resultar em uma linha melodiosa do baixo. Começar por essa linha pode dar bom resultado. Use somente acordes do modo *re* eólio. faixa 13

Veja sugestão de harmonia no final do livro.

Não deixe de inventar melodias e harmonias e improvisar no modo eólio. Procure outras músicas que também usem esse modo.

- Dórico

Consiste na escala menor natural com a 6ª M.

Exemplo 18 Para efeito de comparação com os demais modos, manteremos a nota *do* como centro modal, mas, sendo o modo dórico do tipo *menor*, usaremos a armadura de *do* menor (3♭), porém, com a 6ª nota da escala (NC) com ♮.

Cante o modo dórico, ascendente e descendente, usando os nomes do solfejo relativo, conforme o exemplo acima.

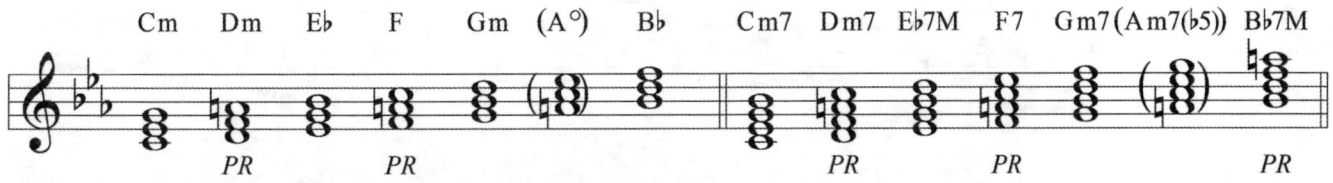

Sempre evite os acordes diminutos, tomando cuidado também com F7 para não resolver em B♭ – que seria, evidentemente, uma resolução tonal!

Exemplo 19   Cadências dóricas:

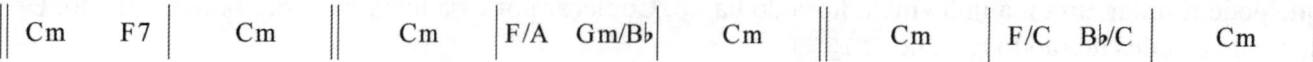

Exemplo 20   *"Reza" (Edu Lobo/Rui Guerra)*   faixa 14

1. As cifras D/F♯ Gm7 e B♭7M, realçadas em retângulo, apresentam notas estranhas ao modo.
2. A presença do acorde Gm7 alternado com G7 indica a mistura de dois modos: dórico e eólio.
3. Observe que na melodia, não aparece nem *si*♭ nem *si*♮, ficando então o sabor dórico/eólio por conta da harmonia.
4. Já o acorde D/F♯ mesclado com Dm7 mistura os modos dórico e mixolídio.
5. Vale lembrar que o modo é determinado pela soma das notas que aparecem na melodia e/ou na harmonia. Confira.

Exercício 197   Determine o modo e harmonize o trecho de *"Pato preto" (Tom Jobim)*   faixa 15

Toque sua harmonia com a gravação. Em seguida, escreva-a por cima da melodia. Confira em seguida (nunca antes!) uma sugestão no final do livro.

- Não deixe de inventar melodias dóricas, preparando o ouvido com algumas das cadências sugeridas (exemplo 19). Mas não toque a harmonia ao criar uma melodia. Harmonize-a depois;
- Procure músicas que também usam esse modo;
- Crie um "*groove*" harmônico (sequência de acordes que se repete, em uma "levada" rítmica) e improvise em cima.

- Frígio

Consiste na escala menor natural com a 2ªm.

Exemplo 21

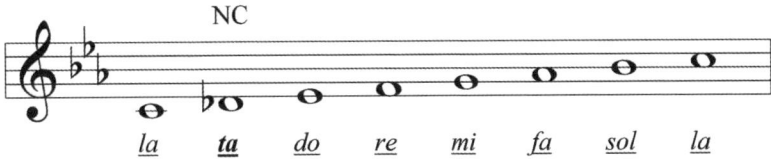

Cante o modo frígio, ascendente e descendente, usando os nomes do solfejo relativo, conforme ilustração acima.

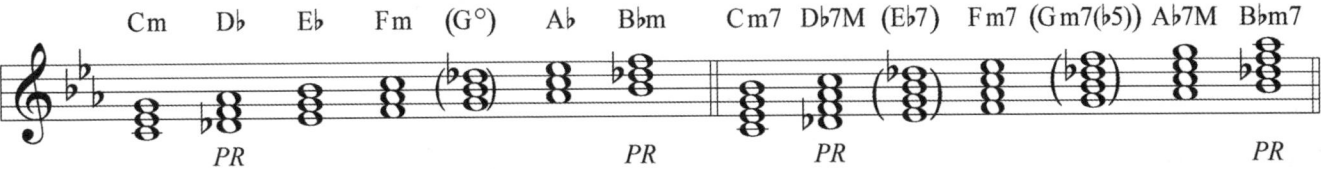

Observe que Eb7 e Gm7(b5) são evitados, por conterem o trítono *sol* - *re*b. (Ambos os acordes Eb7 e Gm7(b5) criam a expectativa de "resolverem" em Ab7M).

Exemplo 22   Cadências frígias.

Observe que o acorde Gm7(b5) na última cadência, mesmo seguido pelo Cm, não apresenta características tonais.

Exercício 198   *"Tonta" (folclore do Paraná)*   faixa 16

Determine o modo e harmonize a canção folclórica acima, partindo da linha do baixo. Em seguida, consulte uma sugestão no final do livro.

Exercício 199   Ouça *"Canto dos caboclos" (folclore)* e invente sua harmonia. No trecho repetido, faça uma harmonia com baixo pedal, e na repetição libere a linha do baixo. Faça o mesmo na parte final da música. faixa 17

Obs. Não se esqueça de incluir acordes primários *PR* na harmonia, nos trechos em que a NC não aparece. Sugestão de harmonia, no final.

Exemplo 23   *"Chovendo na roseira" (Tom Jobim)* 2ª parte: faixa 18

O compositor, inspirado na beleza do modo frígio da melodia, criou uma linha cromática descendente, gerando harmonia que extrapola o modo frígio:

Exercício 200   Assinale os acordes que não pertencem ao modo frígio.

Exercício 201   Encontramos a fusão de vários modos.
Qualifique os acordes não-frígios segundo os modos gerados por eles.

- Lócrio

Consiste na escala menor natural com a 2ªm e 5ªdim.
Este modo apresenta duas notas características:

O modo lócrio tem um som instável devido à presença do trítono, por ser seu centro modal a nota da sensível de seu relativo maior (_reb_ maior) – com isso, não oferece a serenidade, tranquilidade e estabilidade dos demais modos. É extremamente difícil encontrar exemplos no cancioneiro, embora seja possível compor com seu manancial:

Exemplo 24   "Melodia B"

Observe a sonoridade exótica deste modo.

Exercício 202   Crie uma continuação para a melodia acima. Em seguida, ouça uma sugestão no final.

2 Fusão dos modos naturais

Os modos raramente se apresentam em seu estado puro. Veja a seguir alguns trechos contendo a fusão dos modos.

Exemplo 25   *"Casa forte" (Edu Lobo)*   faixa 19

1. Antes de mais nada, devemos nos lembrar de que o modo resulta da soma das notas meelódicas com a harmonia.
2. No exemplo acima, a harmonia realça o centro modal *re*.
3. Repare que *mi* e *mi*♭ alternam na melodia e na harmonia também. O mesmo acontece com *do* e *do*♯.
4. Veja que ainda aparece *si*♭ e *fa*♯ na harmonia.

Portanto, temos: *re* frígio nos comp. 1 - 2 e 5 - 6 e 18 - 19

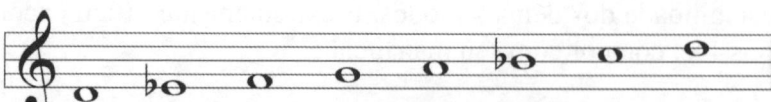

Re eólio nos comp. 3 - 4 e 9 - 10 e 13 - 14 e 17

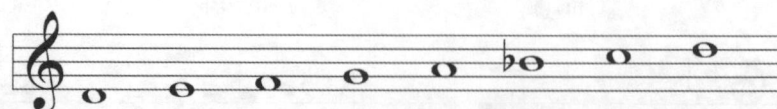

Re jônio nos comp. 7 - 8 e 11 - 12 e 15 - 16

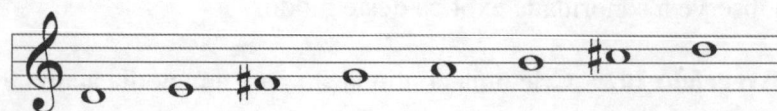

Em resumo: 1. Os seguintes intervalos 2m 2M
3m 3M
6m 6M
7m 7M } apresentam instabilidade

2. Os intervalos de 4ª e 5ª permanecem estáveis

3. Finalmente, observamos na harmonia a presença de <u>tétrades</u>, cuja sonoridade oferece maior clareza e riqueza do que as tríades.

Exemplo 26   *"Canção do sal" (Milton Nascimento)* faixa 20

A harmonia acima reproduz o uso dos acordes do próprio compositor, incluindo notas de tensão, preparação/resolução. Encontraremos, então, a fusão do tonal/modal. A melodia, entretanto, é puramente modal e determina o som modal como um todo:

modo eólio nos comp. 1 - 4
modo mixolídio com cadência lídia no final nos comp. 5 - 20

Já a harmonia apresenta dois tipos de acordes:

- os que passam por outros modos homônimos
- os que são meras passagens cromáticas: E♭/D B♭m7 Cm7(9)

Deixando de lado esses acordes de passagem, a maioria cromática, teremos os comp. 1 - 4 puramente eólio (a melodia passando cromaticamente por *si♮*). A partir do 5º compasso, temos o modo mixolídio, com o colorido *"blues"* em G7 e o lídio em E7. De um modo geral, a mudança de modo só é notada se ele persiste por alguns compassos (como é o caso da introdução).

3 Mudança de centros modais

No modalismo, a mudança de centro modal ocorre com frequência.

Já tínhamos visto um trecho reproduzido em dois centros modais diferentes, em *"Trilhos urbanos"*, na página 20. Observemos outro trecho a seguir:

Exemplo 27   "Morro velho" (Milton Nascimento) faixa 21

Exercício 203 Faça a análise dos modos encontrados em cada trecho, com atenção especial para a mudança do centro modal. Não se esqueça de considerar a relação entre melodia e harmonia.

Exemplo 28   *"Orriveorriveorrível" (Ian Guest)* faixa 22

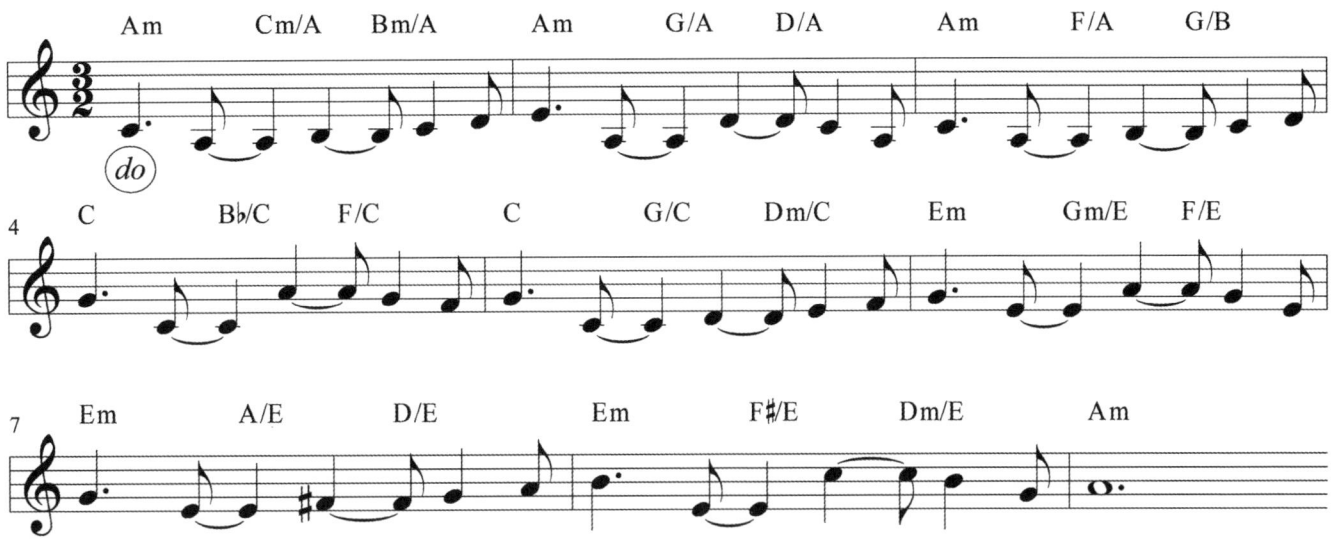

Exercício 204 Faça a análise dos modos em cada trecho do exemplo 28, mas cuidado! Cada acorde pode representar modos diferentes: na harmonia, foi criada uma textura com a fusão de modos que permanentemente mudam. Somente os baixos-pedais sustentados unificam os modos.

Exemplo 29   *"Ciranda" (Ian Guest/Ronaldo Bastos)* faixa 23

O ostinato que acompanha a melodia acima é feito de desenho rítmico e curvatura melódica persistente.

Este recurso oferece: - pulsação rítmica;
- som da harmonia sustentada;
- eventuais convenções e paradas;
- participação de toda a seção rítmica – harmônica

O ostinato não precisa ser anotado por extenso, como feito em trechos no exemplo anterior. Também pode ser indicada uma amostra de 2 compassos (como é o caso agora), ou no pé da página, com a respectiva observação. Nestes casos, a melodia simplesmente será cifrada, junto com eventuais convenções.

4 | Um único acorde para cada modo

No teclado, qualquer combinação de notas pode ser tocada, conforme a formação desejada. Quando a mesma harmonia é sustentada por vários compassos, podemos utilizar um único acorde de quatro notas de acordo com o modo. Este acorde terá a nota de centro modal (nota mais grave) e em sua formação não faltará a NC do respectivo modo. A posição do acorde será cerrada e sua extensão não excederá uma oitava. Outro cuidado é evitar a configuração de qualquer tríade maior ou menor que esteja nele incluída, evitando semelhanças com acordes convencionais. Esse acorde pode ser executado nas levadas rítmicas e desenhos mais variados, até onde alcança a criatividade, inclusive arpejos, dedilhados e dobramentos.

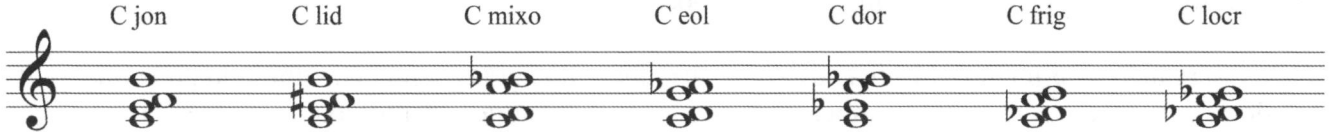

No acorde mixolídio, a presença da 3M é sentida pela série harmônica. Nos acordes eólio, frígio e lócrio, a presença da 3m é sugerida pelas demais notas da escala menor. De qualquer forma, a linha melódica irá confirmar o modo em todos estes acordes.

No violão, organizar o som simultâneo dessas quatro notas é mais complicado. Neste caso, procure a posição mais cerrada possível, podendo ultrapassar a extensão da oitava. É de bom efeito colocar as notas adjacentes por ½ tom ou tom, próximas umas às outras. Evite deixar a nota mais aguda distante das outras. Não se esqueça de colocar a nota do centro modal no som mais grave. Ao dedilhar os acordes, em lugar de uma puxada, as posições pianísticas cerradas podem ser arpejadas, não havendo a limitação de uma só posição com isso.

C ◆ APRESENTAÇÃO DOS MODOS FOLCLÓRICOS

No capítulo anterior, dedicado aos modos naturais (página 14), apresentamos os modos gerados pelas 7 notas naturais. Vejamos agora outros modos consagrados pelo uso dos povos do mundo, em particular alguns dos modos mais relevantes que ingressaram no nosso acervo de música. Esses modos, folclóricos ou históricos, já extrapolam as notas naturais, estabelecidas por uma certa armadura (as teclas brancas, no caso de _do_ maior).

Nestes casos haverá uma ou mais notas alteradas em relação à escala dita "natural". Em sua notação é conveniente a utilização da armadura do tom (maior ou menor) de onde são derivados.

1 Série harmônica

A série harmônica acima é a fonte de sonoridade de uma nota musical de vibração definida. Um corpo vibrante (seja ele uma corda, uma coluna de ar ou uma membrana), emite sua vibração para o ar adjacente. Ele não só vibra em sua extensão, mas também em 2 metades, 3 terços, 4 quartos, 5 quintos etc. de seu corpo. Essa vibração, composta e complexa constitui a série harmônica. Cada componente da série vibra em uma intensidade proveniente da substância e da forma do corpo vibrante. O conjunto dos componentes resulta no timbre do som emitido, característica de cada instrumento tocado. Daí podemos afirmar que a série harmônica é um fenômeno cósmico, que atua sobre a nossa sensibilidade, assim como atuam a temperatura, a pressão de ar, a claridade e a própria audição.

A evolução da história da música na vida do homem é a permanente busca de novos estímulos, uma vez assimilados os anteriores. A dissonância nada mais é do que um novo estímulo introduzido que incomoda a consonância já estabelecida. Qualquer intervalo já foi dissonância, antes de virar consonância. Tanto a história da humanidade quanto a do indivíduo passa pela busca de estímulos e vem enriquecendo e sofisticando seu gosto musical ao longo dos tempos.

Observando as primeiras 14 notas da série harmônica ilustradas acima e assumindo _do_ como a nota geradora, o filósofo e cientista da antiga cultura grega, Pythagoras, identificou e representou a relação entre os sons componentes em forma de fração, tendo observado os seguintes aspectos no fenômeno do corpo vibrante:

- o corpo vibra em sua íntegra, e também em 2 metades, em 3 terços etc.;
- a relação de frequência entre os componentes pode ser expressa em fração: 1/2, 2/3, 3/4 etc.;
- notas repetidas alternam com notas novas, caminhando para a dissonância;
- a distância diminui, linearmente, entre as notas da série harmônica;
- o volume diminui, embora não linearmente, entre as notas da série resultando em timbre, característica da origem de cada som emitido;
- organizando as notas numa escala, teremos:

- existe um único acorde que reúne essas notas: transmitindo estabilidade e descanso, cifrado como: C7($^{9}_{\sharp 11\ 13}$)

Entretanto, este mesmo acorde C7, no contexto do tom de _fa_, tem o som instável (dominante) por faltar nele a própria nota _fa_ (tônica) em que irá resolver. Daí a expectativa do descanso.

Cabe observar que a escala chamada "natural" não justifica seu nome, pois a série harmônica tem a 4ª aumentada e a 7ª menor. (Em alemão, até hoje, a letra B representa _si_♭, e a letra H, 8ª letra do alfabeto, representa _si_♮, que veio depois). Baixar a 4ª aumentada e elevar a 7ª menor passou a formar o <u>trítono</u>, com seu som instável, desejando repouso. Essa instabilidade e o desejo do repouso passou a provocar inquietude na serenidade do ritual religioso, resistindo por muito tempo ainda à aceitação.

Na realidade, a instabilidade do trítono gerou o <u>tonalismo</u>, pois inevitavelmente despertava o desejo da resolução, por ser um intervalo dissonante.

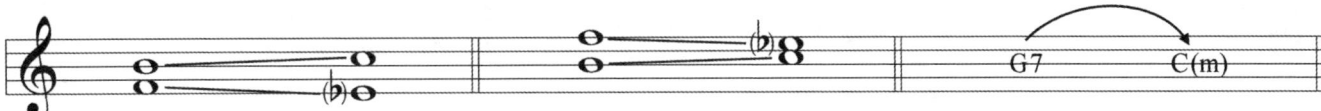

No modalismo, como já vimos, usa-se o trítono com cautela, de preferência em lugares onde sua resolução não é esperada, ou seja, onde não cumpre a função dominante.

A verdadeira origem do modalismo folclórico, portanto, é a série harmônica, com seu som natural e autêntico, com o predomínio do centro modal.

Em seguida, apresentaremos os modos mais importantes que mais interferiram em nossa linguagem popular.

2 Os modos

- Nordestino

O modo nordestino é feito das primeiras 14 notas da série harmônica, apresentadas na página 34. Organizando-as em forma ascendente a partir da nota _do_, temos:

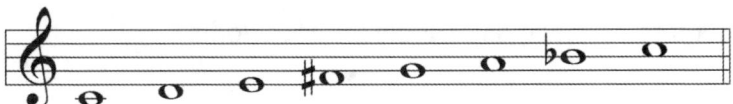

A cifra C7($^{9}_{\sharp 11\ 13}$) como foi visto acima, reúne-as todas. A harmonização de melodias em modo nordestino, por cifras convencionais, pode ser feita com tétrades e com outras notas agregadas, além do mero uso de acordes, mais simples, recomendados no capítulo "modos naturais". Utilizando-se das notas da escala acima, cada uma delas pode gerar uma tétrade:

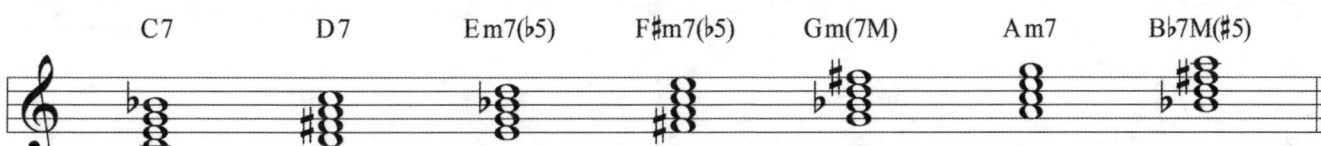

Esses acordes podem conter informação mais completa sobre a substância do modo do que as tríades. Mas observe: devem ser usados esporadicamente, escolhendo um ou outro, pois em série resultam sem "novidades", em notas repetidas. Raramente notas de tensão serão agregadas neste contexto.

Exemplo 30   "Gravidade" (Caetano Veloso)   faixa 24

Exercício 205

a) em que modo está o trecho acima?
b) há em algum lugar uma cifra que apresenta nota fora do modo da melodia? E na melodia?

Exemplo 31   "Chegança" (Edu Lobo/Oduvaldo Vianna)   faixa 25

Exercício 206   O modo nordestino e os demais modos geralmente se encontram misturados: é a fusão dos modos. Com qual modo, no exemplo acima, o modo nordestino é misturado? Determine em quais compassos isto ocorre.

Exercício 207   *"Em volta da fogueira (Ian Guest)"* faixa 26

Baião

a) há mudança de centro modal na melodia acima?
b) determine o modo de cada trecho.

Exercício 208 "Asa branca" (Luiz Gonzaga/Humberto Teixeira) faixa 27

a) Até o compasso 26, harmonize a música com total liberdade na fusão tonal-modal. Devido à simplicidade, a melodia aceitará harmonia rica e cromática. É aconselhável começar criando linhas para auxiliar na harmonização (as linhas poderão ser do baixo ou intermediárias).

b) A partir de ⊕ entra *do*♯ (4ª aumentada criando o modo nordestino: lídio com ♭7). Faça a harmonia com as tétrades extraídas dessa escala (vide página 35).

Após fazer a sua versão, veja uma sugestão no final do livro.

■ *Blues*

O *blues* remonta aos tempos da escravidão dos negros norte-americanos que enquanto trabalhavam, cantavam para coordenar os movimentos no ritmo do trabalho. Eram melodias simples e curtas, repetidas continuamente: chamadas de *"work-songs"* – cantigas de trabalho. O banjo, que os acompanhava inventava buscando variedade, três harmonias diferentes antes de voltar à primeira. Exemplo:

F7	./.	./.	./.	1ª vez
Bb7	./.	F7	./.	2ª vez
C7	Bb7	F7	./.	3ª vez

Nascia assim a forma *"blues"* em 12 compassos:

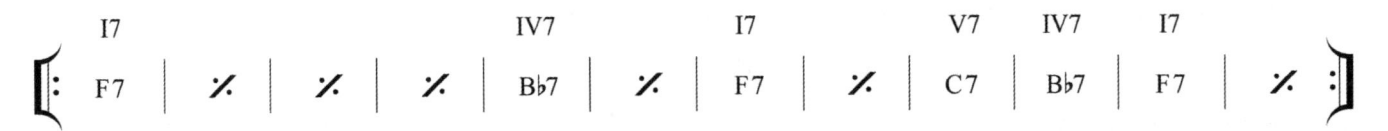

I7 | | | | IV7 | | I7 | | V7 | IV7 | I7 |
F7 | ./. | ./. | ./. | Bb7 | ./. | F7 | ./. | C7 | Bb7 | F7 | ./.

O som da melodia cantada obedecia à escala natural, às primeiras 14 notas da série harmônica:

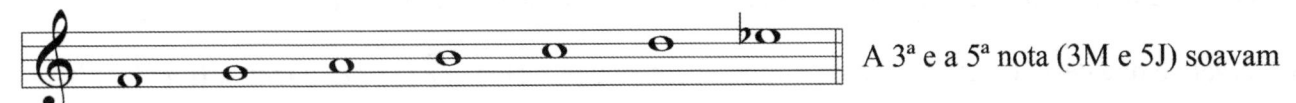

A 3ª e a 5ª nota (3M e 5J) soavam particularmente baixas, quase 3ª m e 5ª dim. A escala que resulta oscila, então, entre *mixolídia* e *dórica*, pela instabilidade da 3ª, e entre *mixolídia* e *lídia*, pela instabilidade da 5ª. O resultado surpreendente é a superposição da escala pentatônica maior (*do re mi sol la*) e pentatônica menor (*la do re mi sol*), partindo ambas da mesma nota (homônimas) acrescida a nota da 4ª aumentada.

As notas destacadas no quadrado ("quase" 3M e "quase" 5J) são as chamadas *"blue notes"*, com sabor tipicamente *"blues"*.

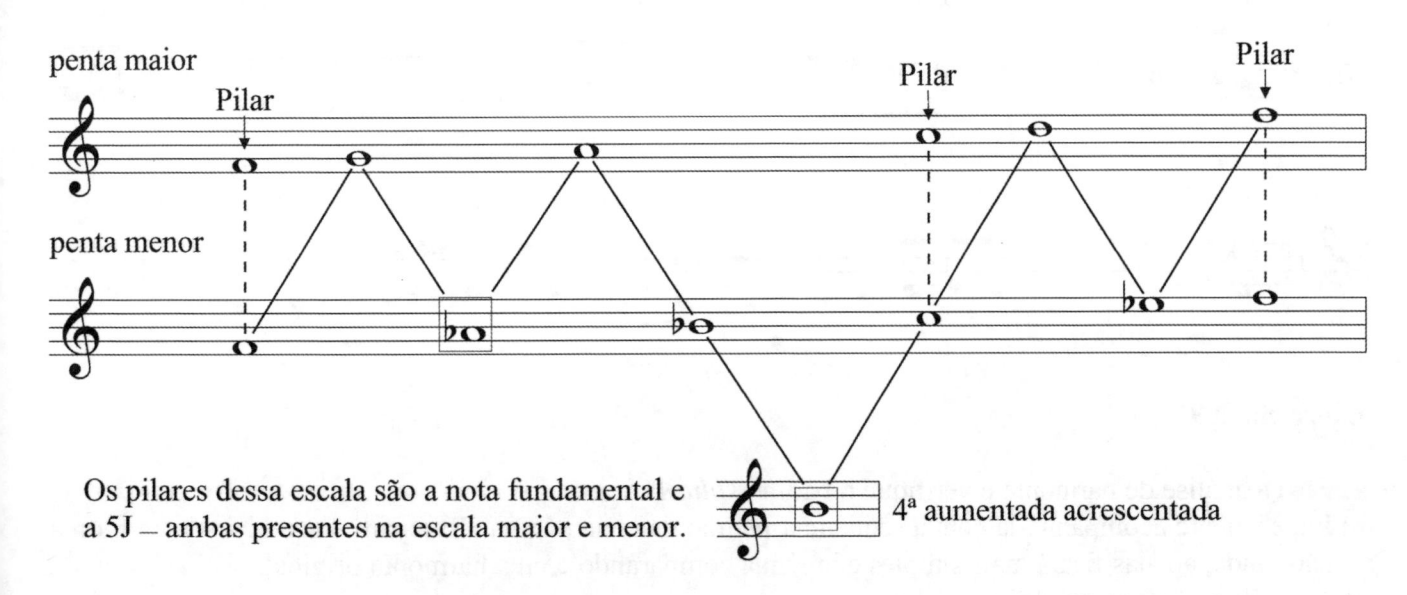

penta maior

Pilar

penta menor

Os pilares dessa escala são a nota fundamental e a 5J – ambas presentes na escala maior e menor.

4ª aumentada acrescentada

Organizadas em uma só escala (*)

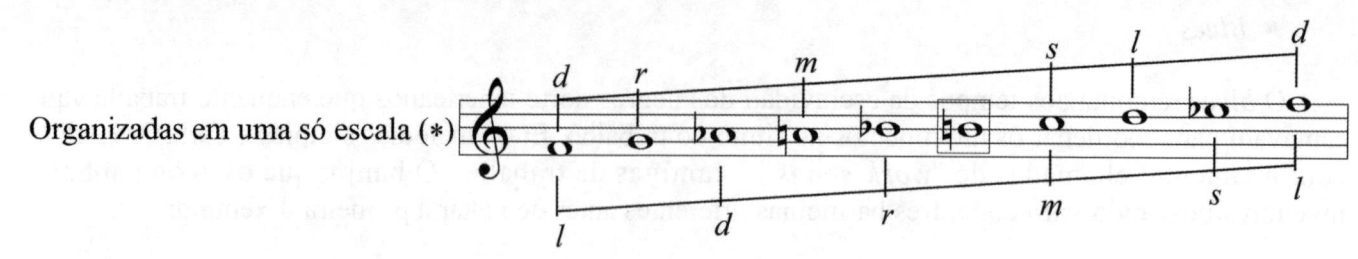

Nessa escala, faltam 3 notas: 7M 2m e 6m para o cromatismo completo. Essas notas soariam particularmente dissonantes por serem remotas, quase ausentes na série harmônica.

Visto que nenhum acorde na progressão *blues* entra em conflito com a melodia inteira, a escala *blues* também será independente da harmonia, sempre sobre o I grau. Os instrumentos de sopro e de cordas, e a voz humana reproduzem o som dessa escala com facilidade, em particular as *blue notes*, enquanto o piano, de afinação temperada, procura reproduzi-lo, tocando 3M/m e 5J/dim simultaneamente e/ou como apogiatura.

Os exemplos, a seguir, apresentam a progressão tradicional, básica do blues

‖ I7 | ✕ | ✕ | ✕ | IV7 | ✕ | I7 | ✕ | V7 | IV7 | I7 | ✕ ‖

com amplo espectro de variedades, não só pela fusão dos modos e cromatismo, mas também pela presença do tonalismo com a inserção de preparações. Sua forma pode também ultrapassar os 12 compassos. Esses recursos para o enriquecimento, vinham sendo agregados ao longo dos tempos. A progressão original, também é encontrada com o seu som basicamente modal e simples.

(*) observando que dessa escala é extraído o modo pentatônico maior (*d r m s l d*) e menor (*l d r m s l*).

Exemplo 32   *"Blue Monk" (Thelonious Monk)* faixa 28

Exercício 209

a) Faça a análise de harmonia e verifique o padrão *"blues"*.
b) Experimente acompanhá-la com a sequência-padrão dada na página 39: repare que a ideia da harmonia não muda, apenas ficará mais simples e ingênua comparando com a harmonia original.
c) Assinale as *"blue notes"* na melodia.

Exemplo 33   "Blues in the night" (Harold Arlen/Johnny Mercer)   faixa 29

Aplique os mesmos procedimentos do exercício anterior: a) b) c)

- *Blues* menor

É difícil estabelecer um padrão para a harmonia *blues* em modo menor. Como já vimos pela escala *blues*, os modos maior e menor se confundem. Existem, entretanto, melodias *blues* que tendem decididamente para menor, mas padronizar seus caminhos harmônicos só poderemos de modo aproximado, mesmo mantendo a forma de 12 compassos:
Um exemplo:

|| F7 | % | % | % | Db7 | % | F7 | % | D7 | Eb7 | F7 | % ||
(#9/13)   (9)   (#9/13)   (alt) (9/#11) (#9/13)

Debaixo das cifras, indicamos algumas notas de tensão sugeridas que a escala menor oferece para cromatismo e riqueza e para dar o sabor da autenticidade da linguagem.

Exercício 210

No exemplo acima, I grau vem com 7 (#9/13), onde (#9) sugere a mistura de 3M e 3m (*"blue note"*) e (13) sugere 6M. Quais são, então, os dois modos naturais que se misturam?

Exemplo 34   *"Goodbye pork pie hat" (Charles Mingus/Joni Mitchell)* faixa 30

Os acordes característicos F7 D♭7 E♭7 B♭7 estão presentes nessa harmonia, embora esparsos devido à intensa rearmonização; nenhum deles tem a função preparatória, mas "flutuam" no som modal.

Exercício 211   A melodia está transitando na escala do modo *blues*. Haverá nota fora dessa escala? Qual?

Exercício 212   A harmonia trabalha quase inteiramente com acordes de estrutura dominante. Você encontra, entre eles, algum que tenha realmente a função dominante?

Exemplo 35   *"Summertime" (George Gerswin)* faixa 31

[compasso 14] Bm7(b5) E7 Am6 Bm6 Am6

Exercício 213 Esta música, em forma de 16 compassos, tem o clima *blues*, mesmo incluindo passagens tonais. A insistência de Am6 Bm6 nos compassos 1 - 3, 9 - 11, 15 - 16 é a principal responsável pelo som modal. Qual modo ela delineia?

Exercício 214 Faça a análise harmônica dessa música.

- *Blues* no Brasil

O *"blues"* no Brasil é emprestado dos Estados Unidos e sobre ele atua o *pop* e o *funk* do mundo ocidental. Mesmo não sendo autêntico, contagia alguns compositores, sobretudo baianos. Gilberto Gil, entre outros, apresenta-nos três músicas inspiradas em *"blues"*.

Exemplo 36   "Back in Bahia" (Gilberto Gil)   faixa 32

A canção foi bem construída: sua forma é 16 compassos, sendo os compassos 9 - 16 repetidos. Os primeiros 12 compassos estão na forma *blues* tradicional, inclusive a harmonia (salvo D7 já no compasso 2). Os compassos 13 - 16 completam a frase de 16 compassos, na forma da canção ocidental. Os compassos 8, 12 e 16 são respostas, típicas em *blues* ("oh yeah!"), cantadas pelo povo.

Exercício 215   Você achou *"blue note"*? Em quais compassos?

Exemplo 37   "De noite na cama" (Caetano Veloso)

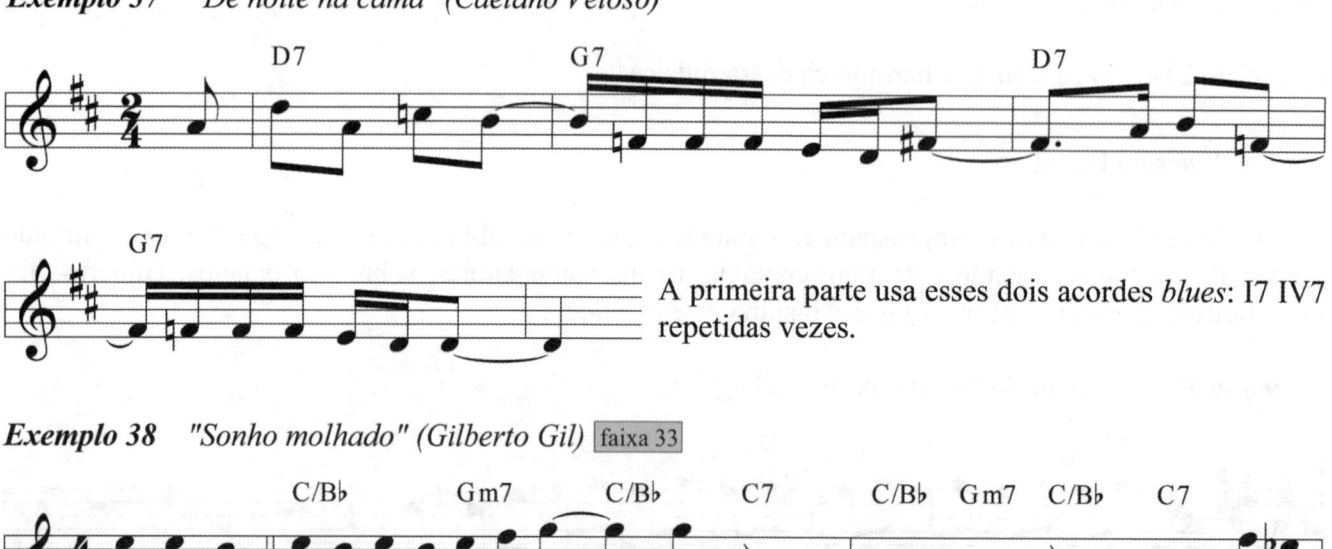

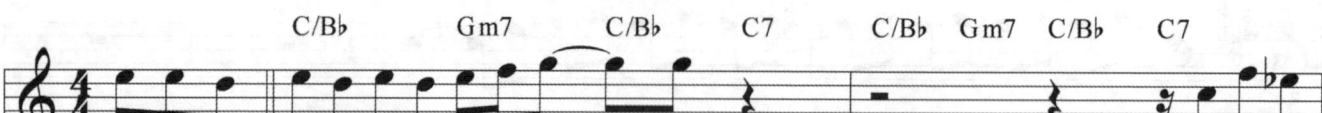

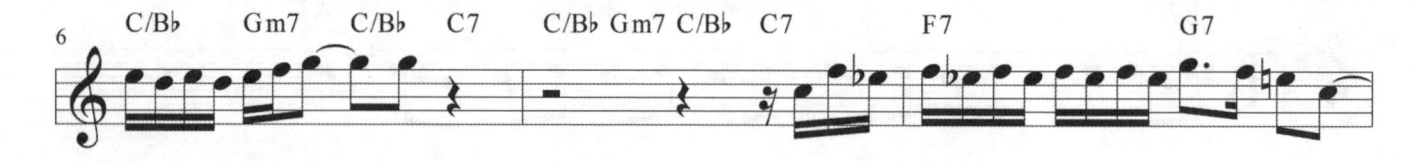

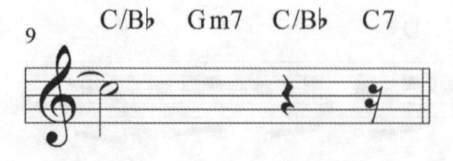

A primeira parte usa esses dois acordes *blues*: I7 IV7 repetidas vezes.

Exemplo 38   "Sonho molhado" (Gilberto Gil) faixa 33

Exercício 216   Na música anterior, o centro modal é *dó*.
a) As notas de todos os acordes poderiam ser reunidas numa só cifra. Qual?
b) Há exceção de uma só nota, gerada por um acorde *não-blues*. Qual?

Exemplo 39   "Redwood Empire" (Ian Guest) faixa 34

A melodia acima é *blues*. Tem a forma de 12 compassos na primeira parte, e de 12 compassos na segunda. Em ambas as partes, o 1º e o 5º compassos usam acordes do I e IV graus respectivamente, próprios à sequência *blues*. Entretanto, sua harmonia é predominantemente tonal, feita de preparações e resoluções.

Exercício 217 Faça a análise da harmonia, verificando elementos tonais.

Exercício 218 A melodia usa as notas da escala *blues*, mas a harmonia tonal provoca, eventualmente, notas estranhas ao modo. Que notas são essas e em quais compassos ocorrem?

Exemplo 40   "Volks Volkswagen blue" (Gilberto Gil)   faixa 35

Pelo estilo baiano do *blues*, todos os acordes de estrutura dominante devem ser tocados com (9) ou (13).

Exercício 219 Examinando a harmonia da música apresentada, observe que todos os acordes são de estrutura dominante; já os de função preparatória, há poucos.

a) Para conferir, faça a análise completa da harmonia.
b) Qual nota da harmonia não faz parte da escala *blues*?
c) Qual a função do acorde que acompanha essa nota?

Exemplo 41   "A história de Lily Braun" (Edu Lobo/Chico Buarque)   faixa 36

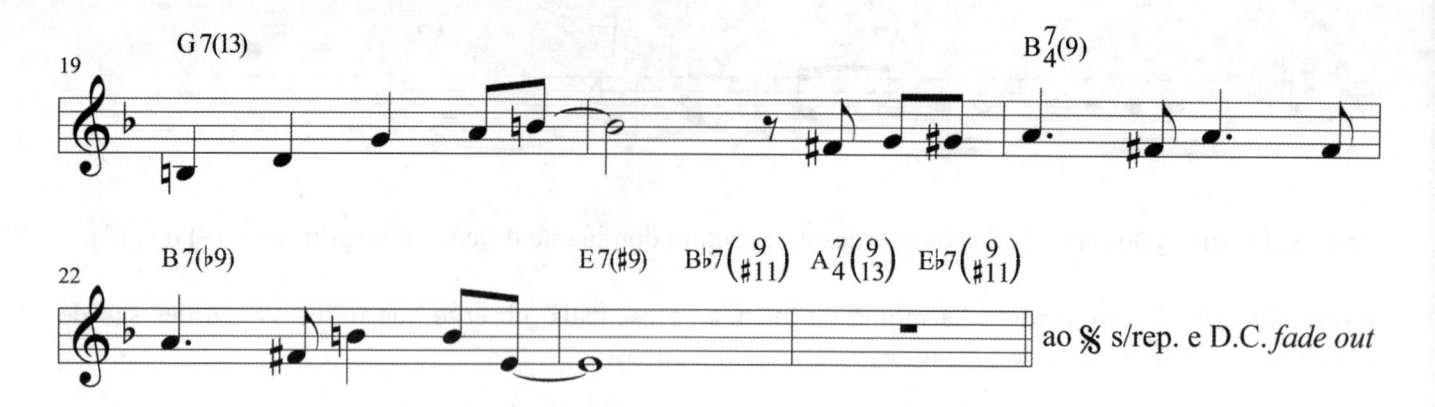

[Compassos 19-24 de partitura musical com cifras: G7(13), B7/4(9), B7(b9), E7(#9), Bb7(9,#11), A7/4(9,13), Eb7(9,#11) — ao 𝄋 s/rep. e D.C. *fade out*]

Exercício 220   Faça uma análise da harmonia da música anterior e perceba que ela é inteiramente tonal. Entretanto, a música, como um todo, tem um clima <u>modal</u>, pois todas as notas da melodia são extraídas da escala *blues*, e a insistência dos acordes D7(#9) e E7(#9) sublinha o clima *blues*, criando uma textura permanente, reunindo as *blue notes* (<u>fa</u> e <u>sol</u>#). Ela foi anotada com a armadura de <u>re</u> menor, pois <u>fa</u># só aparece na harmonia e a mistura menor/maior vem confirmar o clima *blues*. Não só a harmonia segue a sequência <u>tonal</u>, mas também a forma e o número de compassos.

Exercício 221   Crie uma melodia sobre os 12 compassos de *blues* tradicional que não seja improviso, mas sim composição. Observe: comece pela harmonia.

Exercício 222   Componha uma melodia usando as notas da escala *blues* e harmonize-a em seguida.

■ *Orientais*

Nas regiões do Oriente Médio, da África do Norte e da Europa do Leste, as línguas faladas nos parecem música aos ouvidos. Essa música nos chega pela Península Ibérica, ponto de encontro de trajetos de migração desses povos para o Ocidente.

Na cantoria as notas importantes são sustentadas, alongadas e vibradas. São elas geralmente a nota do centro modal, ou sua quinta ou sua terça (maior ou menor). A vibração, de tão intensa, envolve as notas vizinhas por meio tom, inferior e superior.

No centro modal *sol*, por exemplo, uma das notas entre <u>sol</u> - <u>si</u> - <u>re</u> (ou <u>sol</u> - <u>si</u>♭ - <u>re</u>) é sustentada e variada:

[Exemplo musical com quatro compassos rotulados: Centro modal, Quinta justa, Terça maior, Terça menor]

Os modos orientais apresentam grande variedade de escalas cujo apoio é a tríade maior ou menor, com suas respectivas bordaduras. As demais notas são livremente acomodadas para formar escalas de até 7 notas. Essas bordaduras cromáticas quase sempre resultam em intervalos de tom-e-meio entre os graus das escalas.

Apresentaremos, a seguir, as escalas extraídas de algumas melodias escolhidas para ilustrar o modalismo oriental. A maioria traz uma nota diferente dos modos conhecidos como tradicionais. Outros modos não apresentam diferença.

Todas as escalas serão anotadas com o centro modal *sol*, para efeito de comparação. O intervalo característico de tom-e-meio ocorre na maioria delas, assinalado ∧. O nome que arriscamos conferir a cada modo revelará sua estrutura e são organizados em tipo maior e menor.

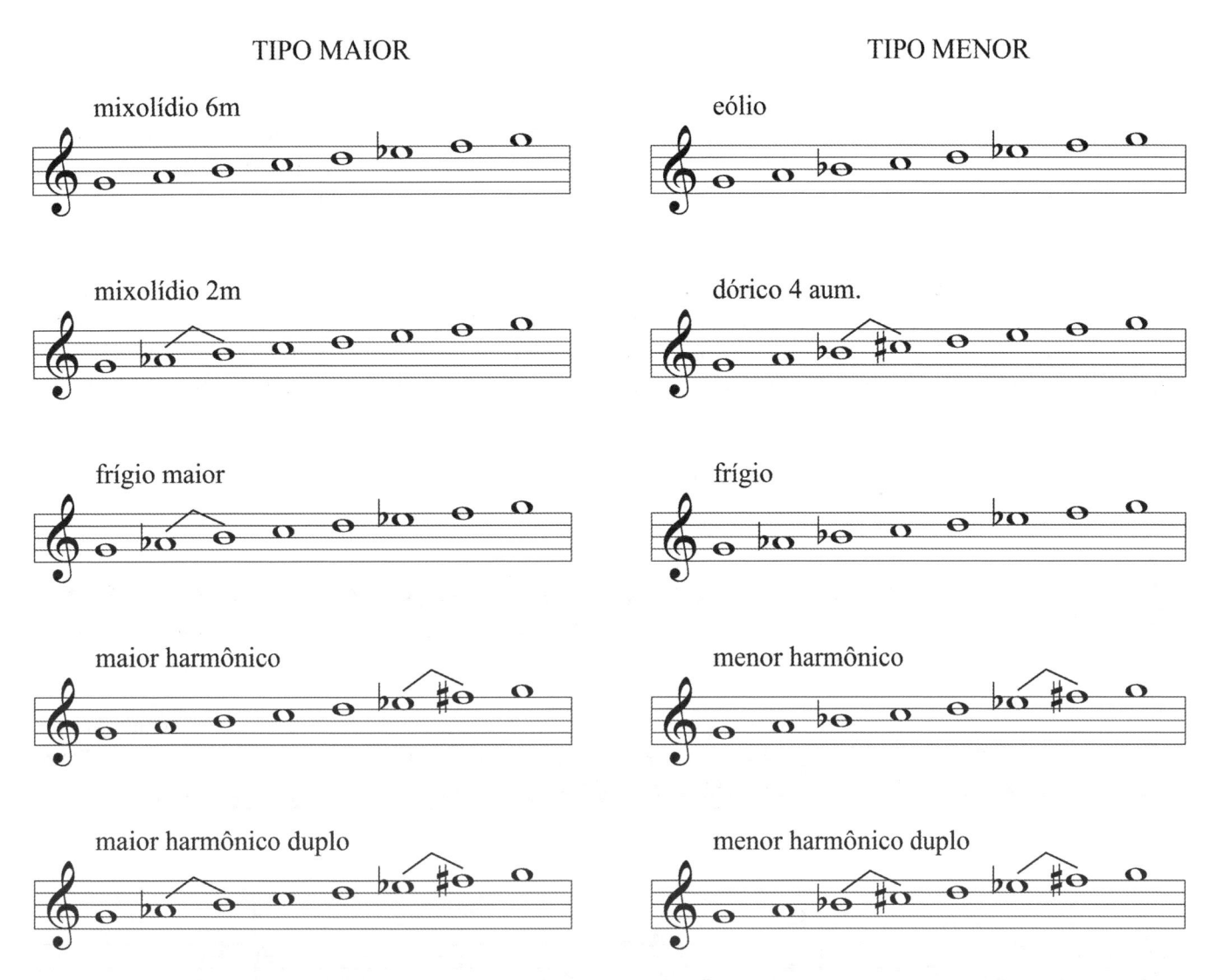

TIPO MAIOR　　　　　　　　　　　　　　TIPO MENOR

mixolídio 6m　　　　　　　　　　　　　　eólio

mixolídio 2m　　　　　　　　　　　　　　dórico 4 aum.

frígio maior　　　　　　　　　　　　　　frígio

maior harmônico　　　　　　　　　　　　menor harmônico

maior harmônico duplo　　　　　　　　　menor harmônico duplo

Acabamos de apresentar as escalas encontradas nas melodias escolhidas, que veremos a seguir. Sua notação é feita com armaduras diferentes das convencionais, aparecendo somente as alterações incorporadas na melodia. Notas com alteração ocasional usam acidentes locais. E, em cada melodia é indicada a escala dela extraída, anotada com acidentes locais e, entre parênteses, as eventuais notas de ocorrência. Algumas cadências típicas, oferecidas pelas respectivas escalas, completam a informação.

Algumas melodias, quase todas folclóricas, são destinadas à demonstração apresentando uma harmonia possível. Outras sugerem o exercício de harmonizar, e são anotadas e gravadas sem harmonia. Na chave de resoluções, aparecem sugestões para harmonização, mas, por favor, só poderão ser consultadas após a execução do respectivo exercício.

Exemplo 42　　"Eddig vendég jól mulattál" *(folclore húngaro)*　faixa 37

[escala frígia]

$$\begin{cases} \text{Gm Fm7 Gm} \\ \text{Gm Dm7(b5) Gm} \\ \text{Gm Ab7M Gm} \end{cases} \begin{matrix} \text{podem} \\ \text{terminar} \\ \text{em G} \end{matrix}$$

Na harmonização, o uso de todas as doze notas é disponível, incluindo acordes preparatórios tonais, mas o modalismo não-funcional predomina. A harmonia também usa a nota *si*♮, sendo a escala frígia alternada entre frígio 3m e frígio 3M. A progressão harmônica é governada e gerada pela linha do baixo em escala ascendente e descendente. A grande e absoluta prioridade na harmonização é sempre a melodia.

Exemplo 43   "Hava Nagila" (folclore israelense)   faixa 38

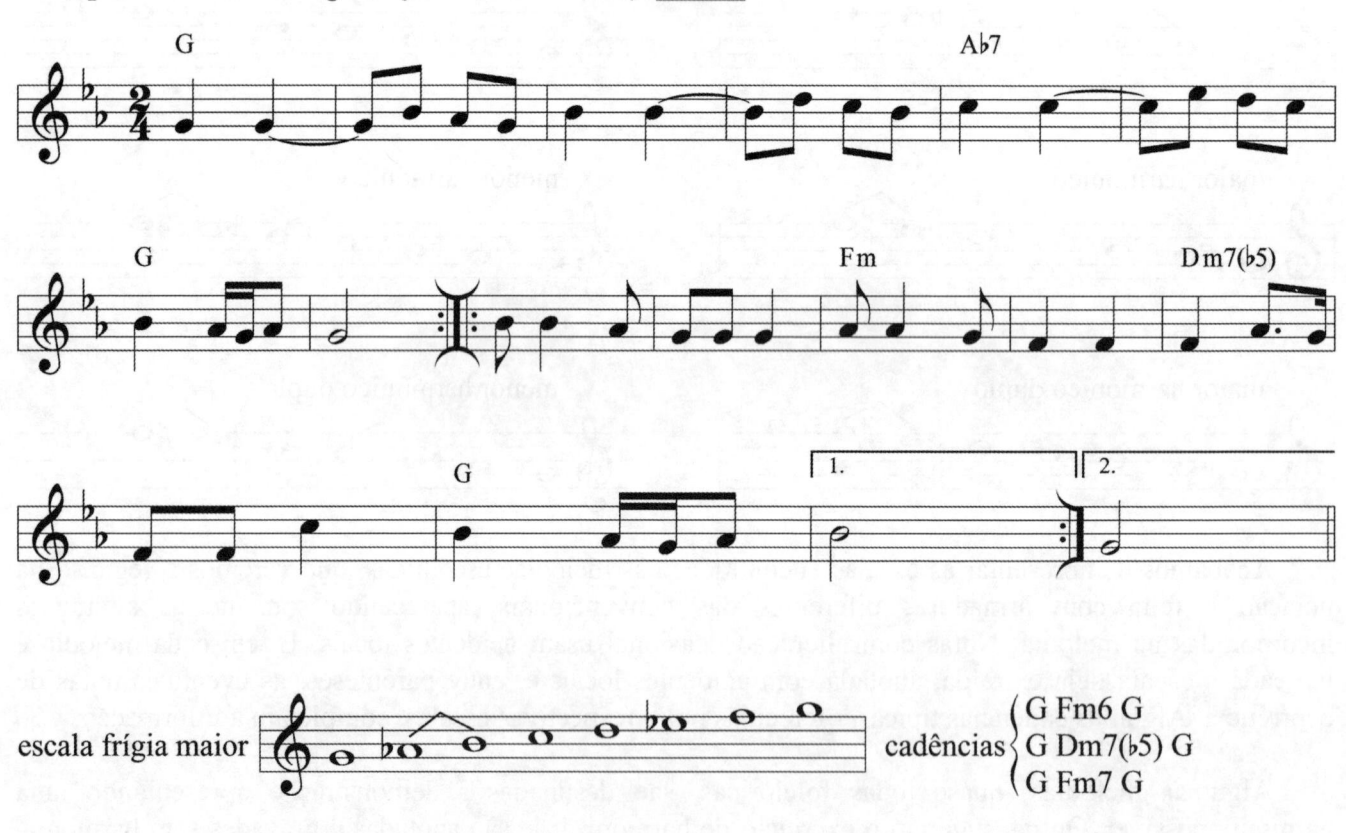

[escala frígia maior]

$$\begin{cases} \text{G Fm6 G} \\ \text{G Dm7(b5) G} \\ \text{G Fm7 G} \end{cases}$$

Observe a ausência do *si*♭ na armadura: todo *si* é natural. Na harmonia, Ab7 apresenta a nota *fa*♯ como a 7ª móvel, provocando outro salto de tom-e-meio eventual na escala.

Exemplo 44   "Casa aberta" (Flávio Henrique/Chico Amaral)   faixa 39

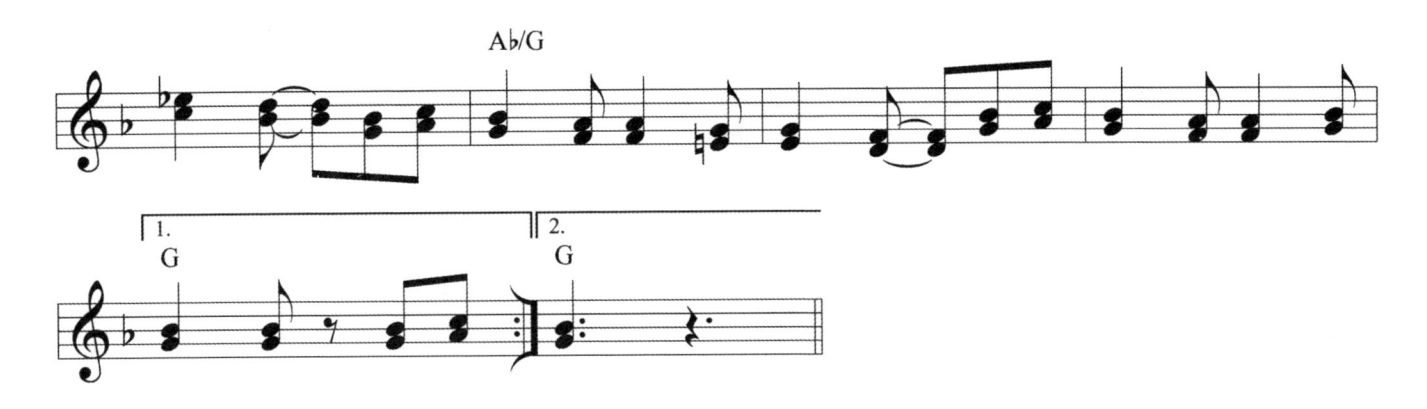

escala frígia maior cadência G A♭/G G

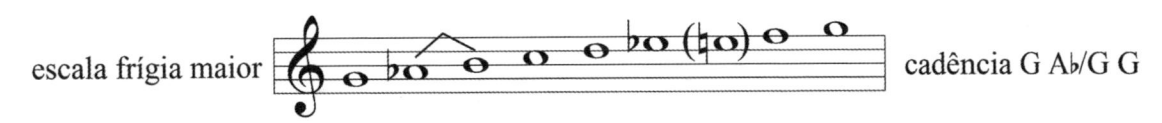

A economia é característica na harmonia modal, favorecendo a riqueza da levada rítmica.

Exercício 223   *"A cédrusfa" (folclore húngaro)* faixa 40

a) Determine a escala e localize o intervalo de tom-e-meio.
b) Faça a harmonização; consulte a sugestão no final.

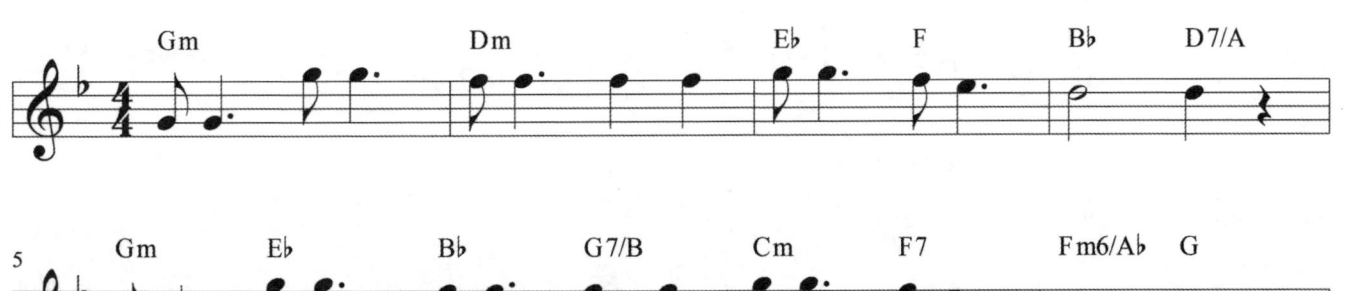

Exemplo 45   *"A jó lovas katonának" (folclore húngaro)* faixa 41

escalas:

cadências:

Repare a fusão dos modos nesta música:
Na 1ª parte, o modo menor predomina. Na 2ª parte, a harmonia contribui para frígio maior. Observe a repetição dos compassos 1 - 4 com harmonia diferente nos compassos 5 - 8.

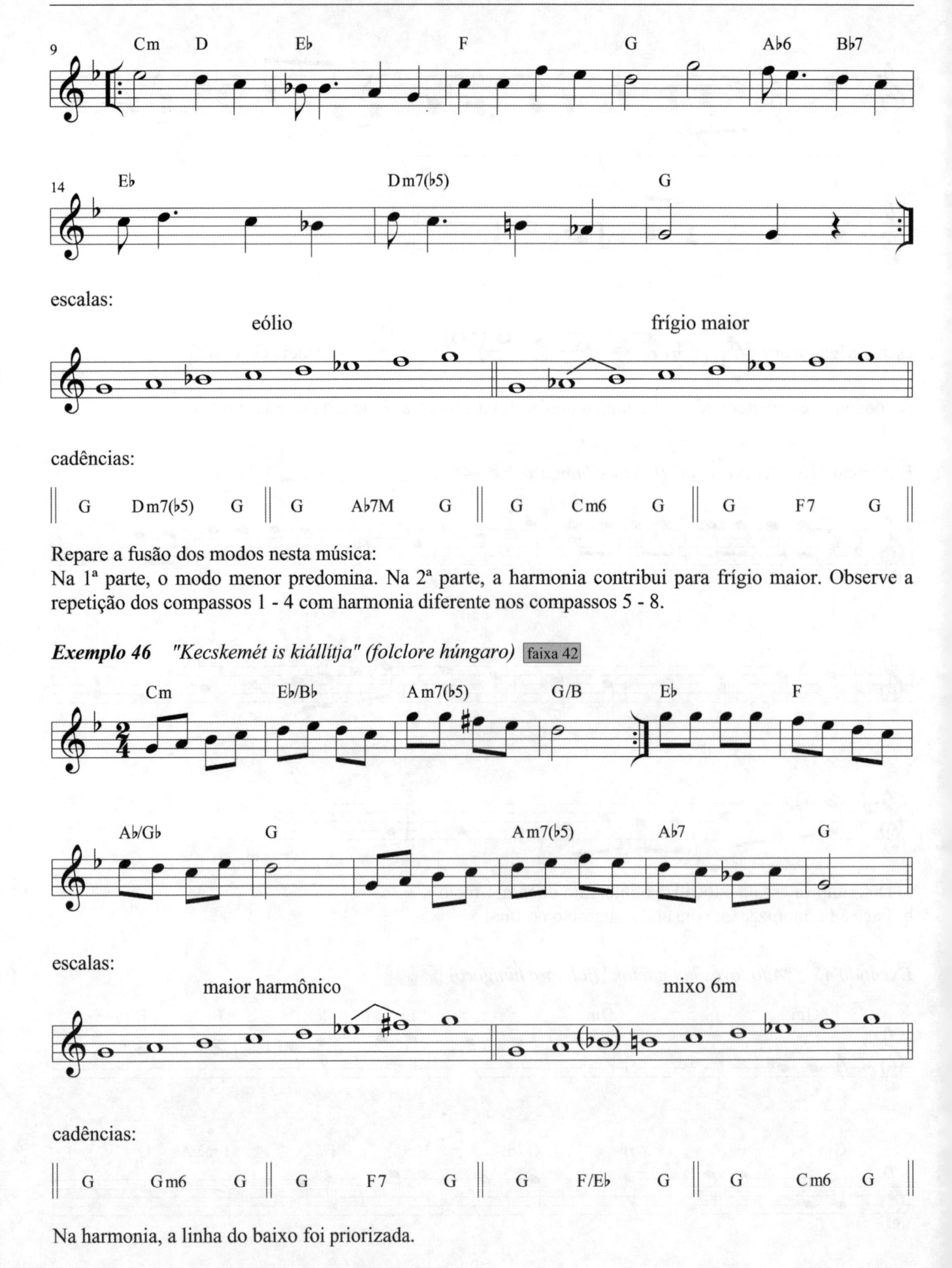

Exemplo 46 "Kecskemét is kiállítja" (folclore húngaro) faixa 42

escalas:

cadências:

Na harmonia, a linha do baixo foi priorizada.

Exercício 224 *"Zöld erdöben" (folclore húngaro)* faixa 43

a) determine a(s) escala(s).
b) há intervalo de tom-e-meio?
c) faça a harmonia, em seguida consulte sugestão no final.

Exemplo 47 *"Ó mely sok hal" (folclore húngaro)* faixa 44

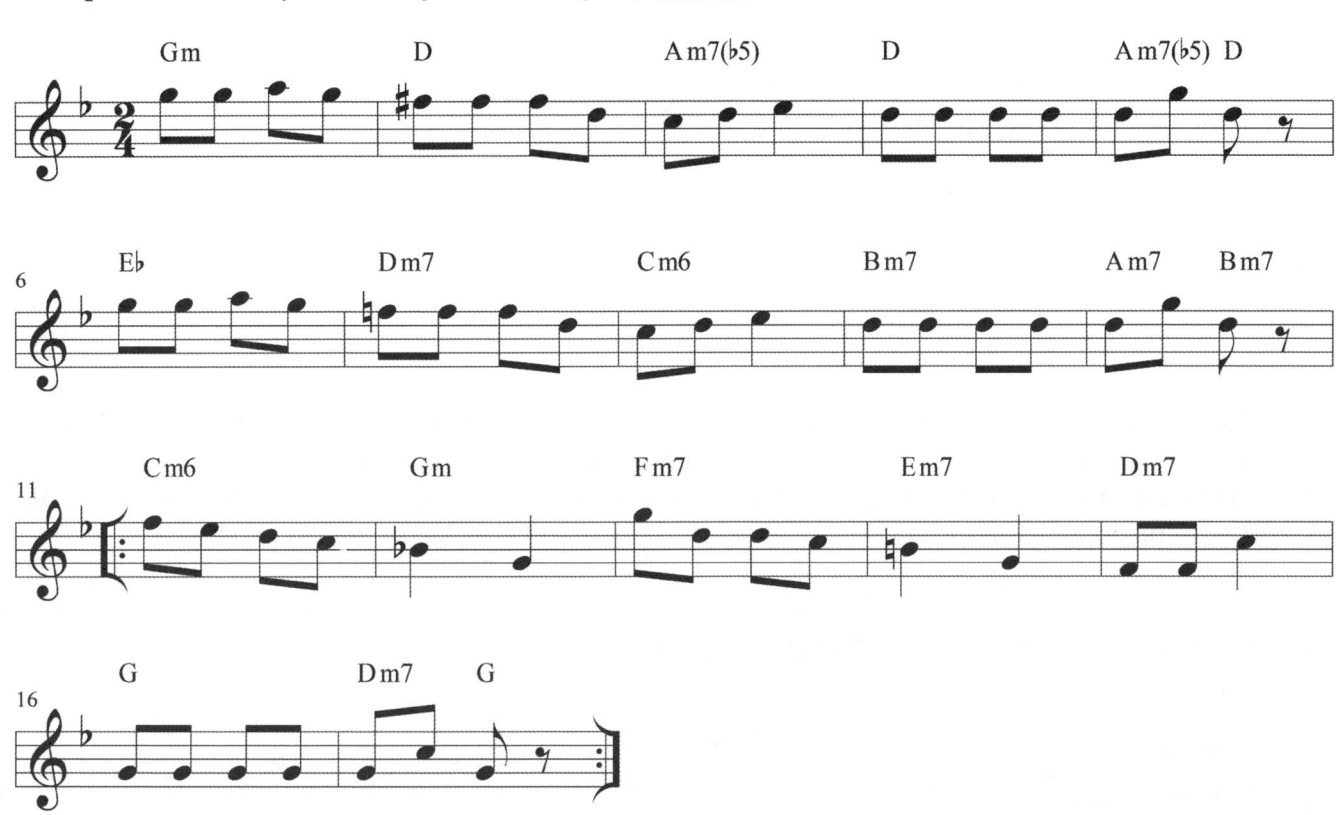

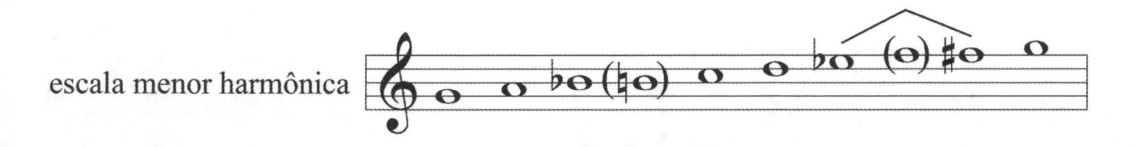

escala menor harmônica

cadências:

|| Gm F#° Gm || Gm Am7(b5)/G Gm ||

Embora a melodia utilize as notas da escala menor harmônica, exceto _si_♮ uma só vez, a presença frequente dessa nota na harmonia contribui para a mistura dos modos menor harmônico e maior harmônico. Novamente, temos a harmonia dos compassos 1 - 5 diferente dos compassos 6 - 10, para a mesma melodia.

Exemplo 48   "Fehér László lovat lopott" *(folclore húngaro)* faixa 45

escala dórica 4 aum.

cadência:

‖ Gm   A/G   Gm ‖

Observe que essa melodia só vai até o 6º grau da escala (hexacórdio). A cadência final é tonal: S - D - T e a 1ª parte também termina tonal, parando na dominante. O tratamento harmônico dado a essa harmonização é tonal, atendendo provavelmente o sentido da linha melódica nos compassos 4, 5, 6, 10, 11 e 12, inspirando tonalismo.

Exercício 225   "Rózsám szeretsz-e" *(folclore húngaro)* faixa 46

a) determine a escala.
b) há intervalo de tom-e-meio?
c) faça a harmonia, em seguida consulte a sugestão no final do livro.

Exemplo 49   *"Canção folclórica húngara"*   faixa 47

escala maior harmônico duplo,
fusão com frígio maior

cadências:

‖   G   Ab7   G   ‖   G   Ab/Gb   G   ‖   G   Dm7(b5)   G   ‖

Repare que a segunda parte é repetição da primeira, 5J abaixo, exceto um compasso. A harmonia não faz o mesmo, criando sonoridades inteiramente diferentes. Observe a métrica dos compassos alternados, predominando também o ritmo harmônico, e o resultado em 5 + 5 compassos.

Exemplo 50   *"A ponte de pedra em arcos, para o oriente, e suas cinco quebradas"* (Ian Guest)   faixa 48

maior harmônico   mixo 2m

A seguir, alguns trechos conhecidos de músicas do mundo, anotados em seu tom original.

Exemplo 51   *"Malagueña" (Ernesto Lecuona)* faixa 49

Exercício 226   Escreva e nomeie a escala, assinalando o intervalo de tom-e-meio.

Exemplo 52   *"Carmen" 1º ato da ópera (Georges Bizet)* faixa 50

Observe a simplicidade e transparência da harmonia.

Exercício 227
a) Quantos centros modais tem o trecho acima?
b) A melodia se repete igual?
c) No primeiro centro modal, construa as duas escalas que se fundem na melodia. Procure nomeá-las.
d) Em cada centro modal, a harmonia se repete igual?

Exemplo 53   *"Caravan" (Duke Ellington/Irving Mills/Juan Tizol)* faixa 51

Nos 12 compassos iniciais, melodia e harmonia giram em torno do centro modal *do*, criando a escala

frígio maior (incluindo algum cromatismo de passagem). A cifra $C4^{7(\flat 9)}_{(\flat 13)}$ dá uma ideia de sua sonoridade, entretanto a nota *fa* aparece em seguida, com sua forte presença conclusiva, nos últimos 4 compassos, deixando a nota *do* na memória como mera preparação. A escala, agora, será

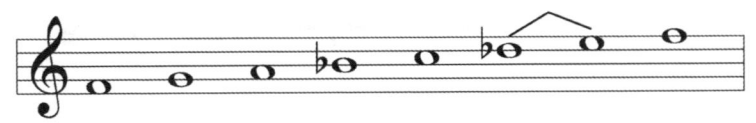

escala maior harmônica que equivale à escala do início. A soberania de duas notas, *do* e *fa* nos respectivos trechos, resulta em dois centros modais, precisamente pela surpresa do segundo. A surpresa é redobrada pois a expectativa é fá menor devida à escala antecedente, mas a resolução é fá maior. É curioso que as notas da escala permanecem as mesmas, salvo *la*.

Exercício 228   *"Bolero"* de *Maurice Ravel*, exemplo antológico da melodia transitando por várias escalas orientais. Até o compasso 40 o centro modal está em *do*, e então passa para *mi* até o final.

A tarefa final do capítulo dos modos orientais é identificar em que modo está cada trecho, com seus respectivos compassos. É conveniente, após identificar o trecho, escrever a respectiva escala e, em seguida, dar-lhe o nome.

Obs. A harmonia nesta música se resume à insistência do baixo pedal, em uma fórmula rítmica em ostinato.

"Bolero" (Maurice Ravel) faixa 52

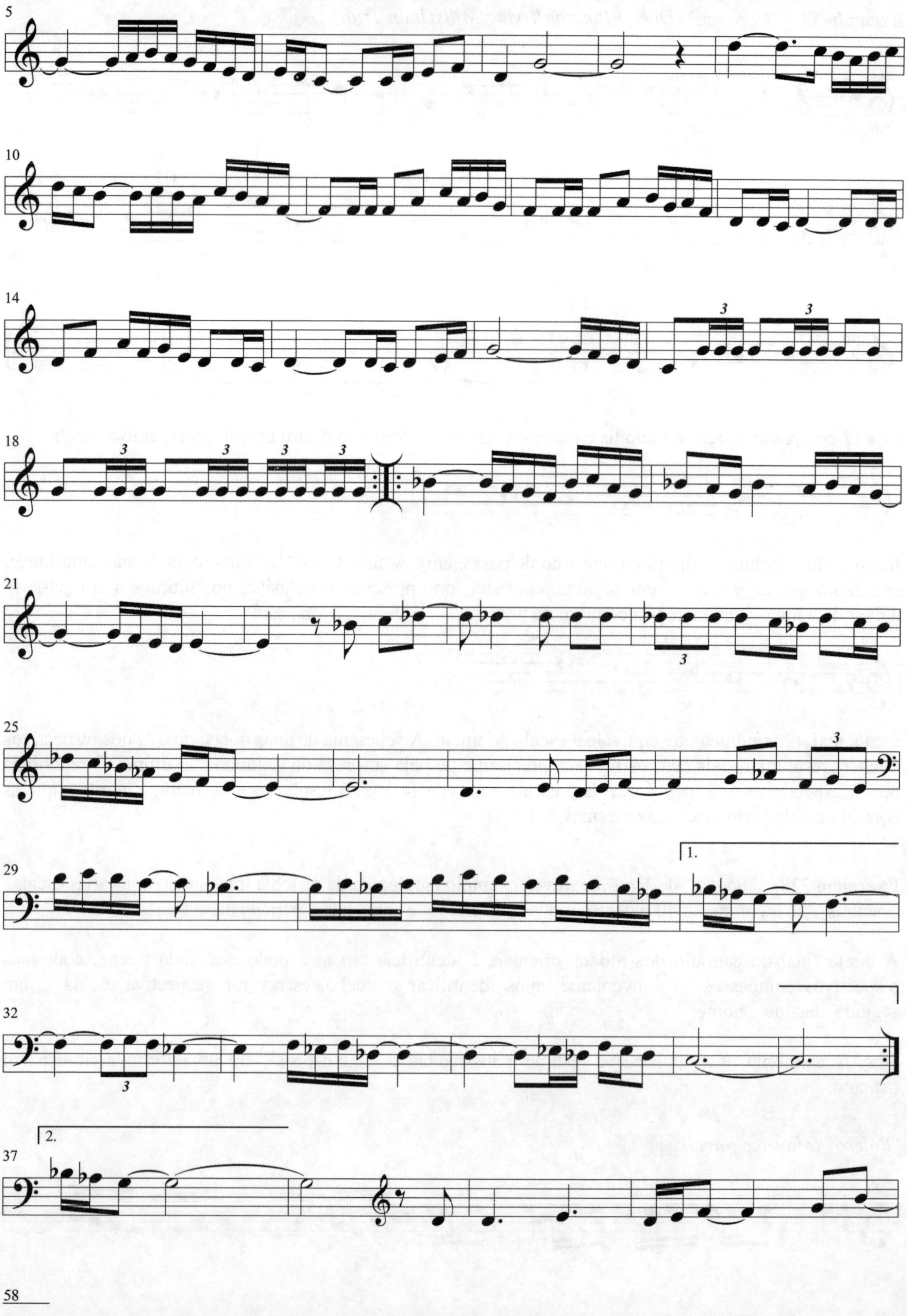

D ♦ FUSÃO MODAL/TONAL

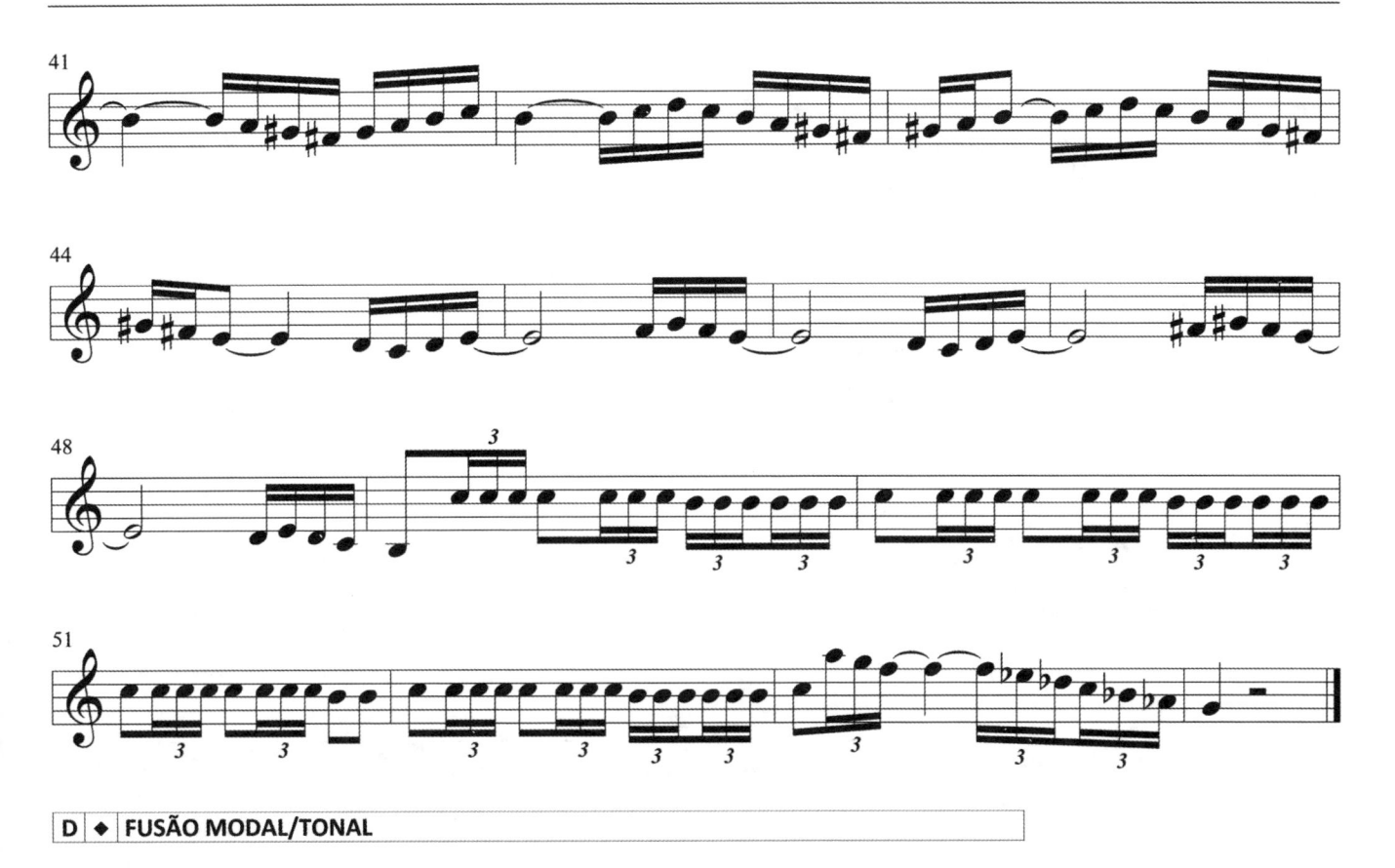

As peças a seguir, *"Seis danças romenas"*, do renomado compositor húngaro *Béla Bartók* (1881-1945), demonstram um tratamento harmônico de grande habilidade, aplicado a melodias simples e modais. As melodias são anotadas na íntegra e o acompanhamento harmônico reduzido à cifragem, para melhor entendimento do conteúdo. Quanto ao seu acabamento final, executado ao piano, somente a audição da interpretação completa (faixas 53 - 58) revelará sua riqueza. A singeleza das melodias e a variedade rítmica descortinam possibilidades harmônicas de extrema criatividade, pelas quais os recursos tonais e modais transitam livremente. Repare que os trechos melódicos repetidos nunca recebem, na repetição, a mesma harmonia.

Exemplo 54   *Dança nº1 "Stick game"*   faixa 53

Exercício 229 Escreva e nomeie a(s) escala(s) em que a melodia ocorre.

Exemplo 55 Dança nº2 "Peasant costume" faixa 54

| G | A7 | Dm |

Exercício 230   Escreva e nomeie a escala em que a melodia ocorre.

Exemplo 56   *Dança nº3 "Standing still"*   faixa 55

Exercício 231 Escreva e nomeie a escala em que a melodia ocorre.

Exemplo 57 *Dança nº4 "Mountain horn song"* faixa 56

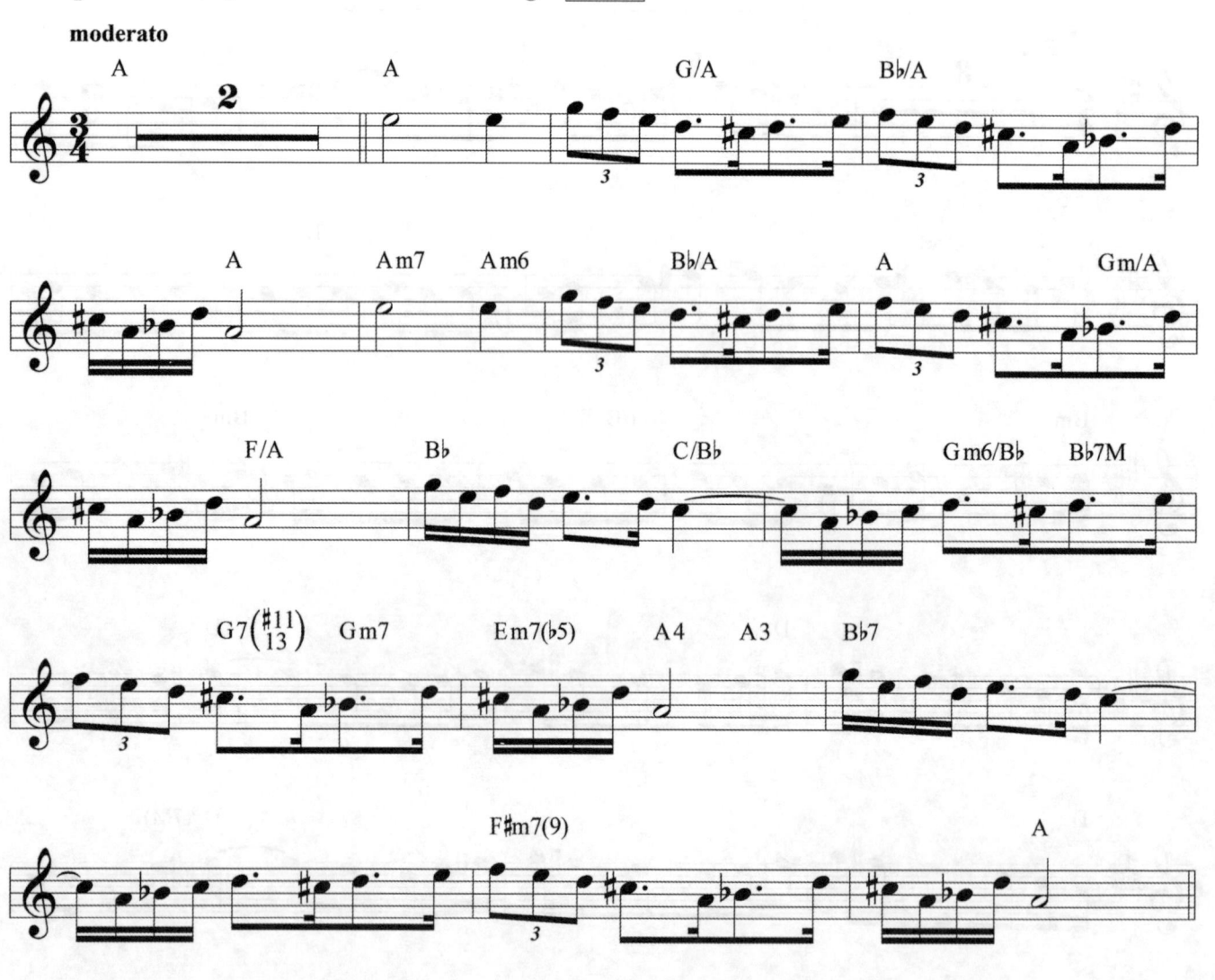

Exercício 232 Escreva e nomeie a(s) escala(s) em que a melodia ocorre.

Exemplo 58 *Dança nº5 "Romanian garden gate"* faixa 57

Exercício 233

a) Em que modo está essa dança?
b) Podemos considerar nos compassos 11 - 16 e compassos 23 - 28 o centro modal *sol*?

Exemplo 59   Dança nº6 "Little one"   faixa 58

11
F♯m D7/F♯ G7M G7
16
A C G4 C/G G4(7M)
21
C G4 C/G F4(7M) F7M F6
26
F7M F8 F9 F11 F F7M F6 F7M F9
31
G7/4 G7 A G/A A
36
D/A A G/A A D
41
C/G Gm7 C/G F C/G Em7(♭5)
47
A C/B♭ Dm7/A C/B♭
52
Am C7/G Em7(♭5) A Em7(♭5)

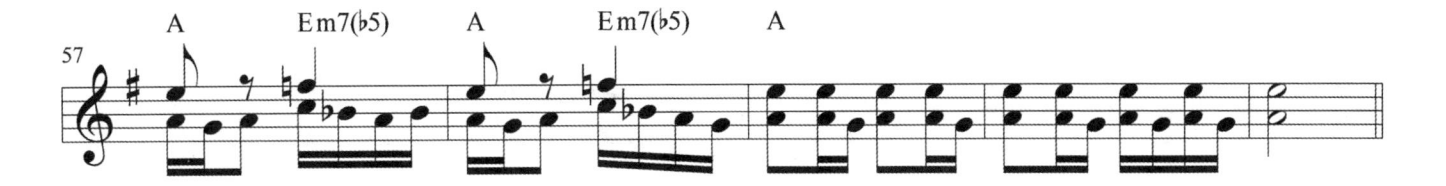

[Trecho musical, compasso 57, com acordes A, Em7(b5), A, Em7(b5), A]

Exercício 234

Pesquise com cuidado cada trecho e seu modo respectivo. Em quais compassos são encontrados? Arrisque dar um nome a cada modo.

Muito cuidado: a análise se baseia na <u>melodia</u>, pois a harmonia leva a outros modos! Mas nos compassos 25-32 e 33-40 a harmonia interfere.

E ◆ APRESENTAÇÃO DOS MODOS SINTÉTICOS

Exemplo 60   *"Sonho de um carnaval" (Chico Buarque)*   faixa 59

[Trecho musical com acordes Gm7, C7(b9), F7, Ab7M, G7(b9), Cm7]

O trecho acima é conhecido com essa harmonia tonal. Entretanto, a melodia, feita de cinco notas, é essencialmente modal: pentatônico menor. No exemplo acima ela foi anotada em <u>do</u> menor. A melodia também permite ser harmonizada modalmente, com acordes extraídos da escala de <u>do</u> menor natural (eólio):

[Escala harmonizada em acordes]

Cada nota dessa escala poderá, ainda, servir de centro modal, gerando os modos <u>do</u> eólio, <u>mi</u>♭ jônio, <u>fa</u> dórico etc. – todos relativos, pois possuem as mesmas 7 notas. Sendo pentatônico, as notas <u>re</u> e <u>la</u>♭ não aparecem, podendo ser substituídas por <u>re</u>♭ e/ou <u>la</u>♮ respectivamente. Logo, acordes com essas notas também servirão na harmonização; por exemplo, Dm D♭ F B♭m.

A seguir, algumas sugestões para harmonizar a melodia apresentada acima. Observe a utilização de baixo pedal, condução linear, variação de notas entre acordes adjacentes e inversões. Evitar acorde diminuto. O uso de centros modais variados empresta ao som um colorido especial e inesperado. Observe o uso de tríades na harmonização.

faixa 60

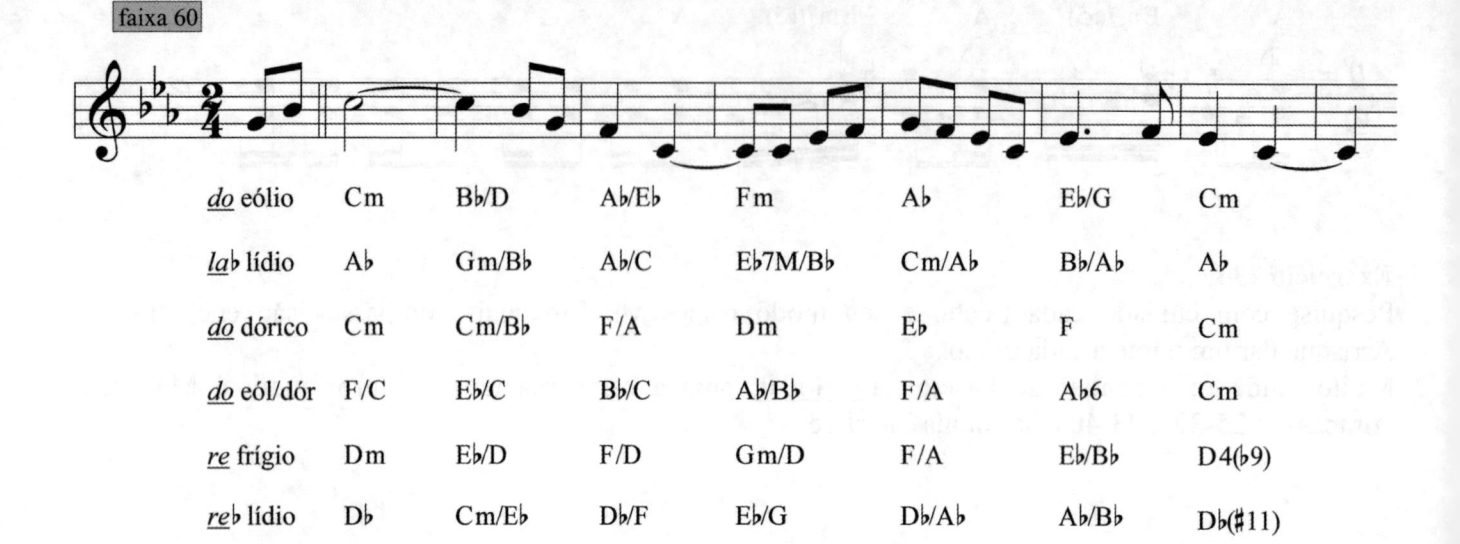

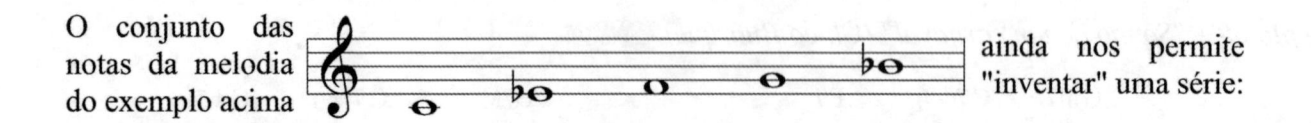

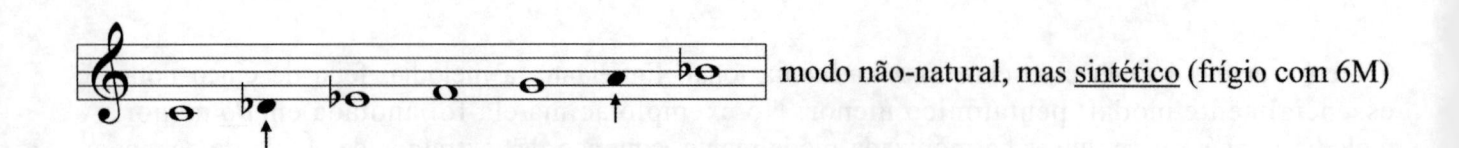

_do_ eólio	Cm	B♭/D	A♭/E♭	Fm	A♭	E♭/G	Cm
_la_♭ lídio	A♭	Gm/B♭	A♭/C	E♭7M/B♭	Cm/A♭	B♭/A♭	A♭
_do_ dórico	Cm	Cm/B♭	F/A	Dm	E♭	F	Cm
_do_ eól/dór	F/C	E♭/C	B♭/C	A♭/B♭	F/A	A♭6	Cm
_re_ frígio	Dm	E♭/D	F/D	Gm/D	F/A	E♭/B♭	D4(♭9)
_re_♭ lídio	D♭	Cm/E♭	D♭/F	E♭/G	D♭/A♭	A♭/B♭	D♭(♯11)

O conjunto das notas da melodia do exemplo acima ainda nos permite "inventar" uma série:

modo não-natural, mas <u>sintético</u> (frígio com 6M)

Essas notas geram cifras

Cm6   Cm7   D♭7M(♯5)   E♭7   E♭6   F7   Gm7(♭5)   Am7(♭5)   B♭m(7M)   B♭m6   etc.

Elas podem formar progressão para harmonizar o nosso tema, com base do modo sintético acima:

B♭m(7M) B♭m6   Am7(♭5)   Gm7(♭5)   D♭7M(♯5)   E♭6   F7

Experimente acrescentar um baixo pedal sustentado em cada acorde, por exemplo, _fa_. Assim, o centro modal _fa_ fica caracterizado. A escolha do pedal é livre e pode até mudar no meio do trecho. Se o pedal do baixo for nota estranha à escala, o som da harmonia será mais "exótico". Crie outra escala sintética para harmonizar a mesma melodia, escolhendo as tétrades disponíveis.

Exemplo 61   "A rã" (Caetano Veloso/João Donato)   faixa 61

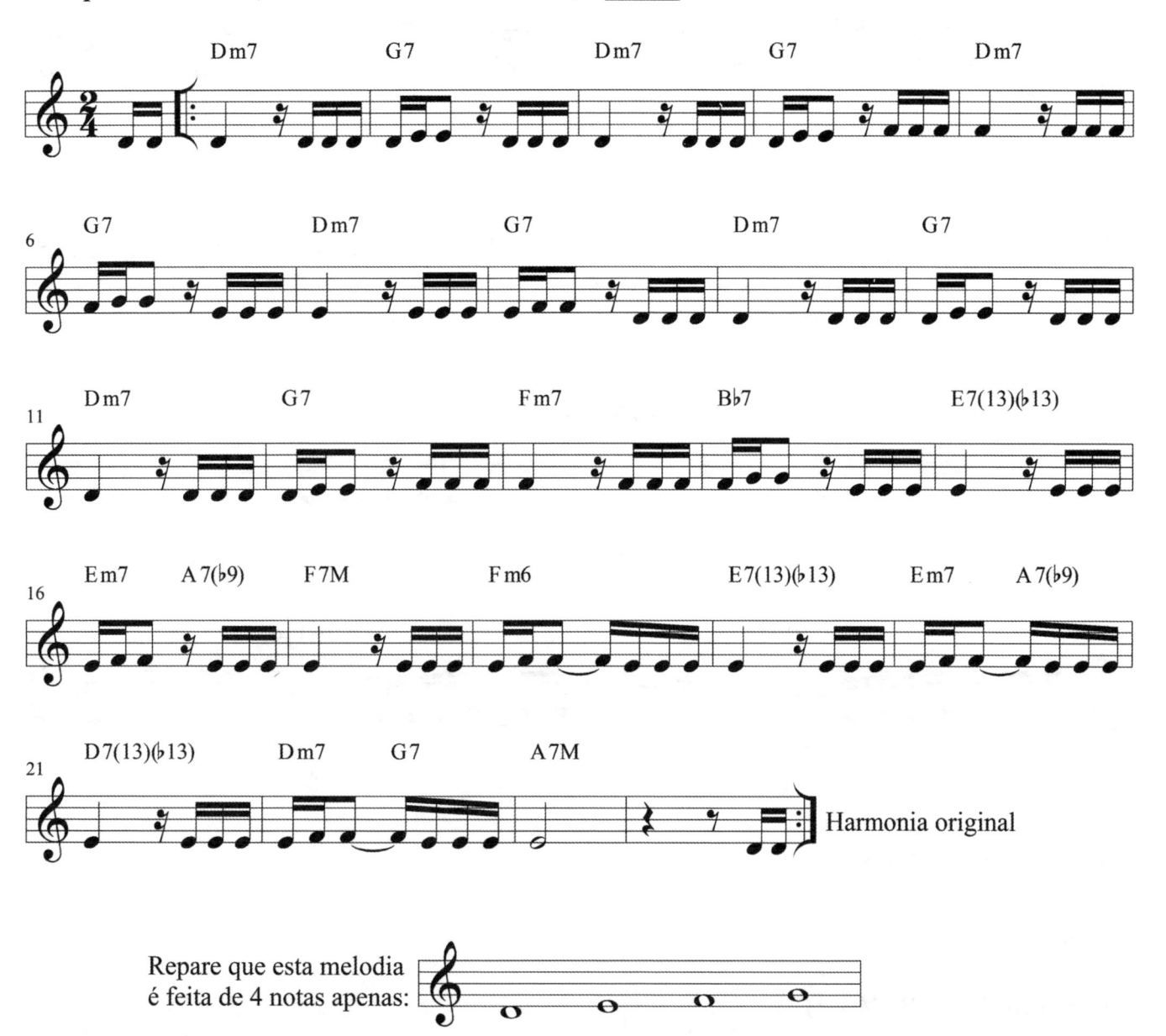

[partitura com cifras: Dm7 G7 Dm7 G7 Dm7 | G7 Dm7 G7 Dm7 G7 | Dm7 G7 Fm7 Bb7 E7(13)(b13) | Em7 A7(b9) F7M Fm6 E7(13)(b13) Em7 A7(b9) | D7(13)(b13) Dm7 G7 A7M]

Harmonia original

Repare que esta melodia é feita de 4 notas apenas:

Essa "economia" de notas permite o uso de qualquer modo que as inclua. Ritmicamente, toda a música é criada com a célula [célula rítmica] e isso favorece o desenvolvimento e a intensificação de climas e dissonâncias, com o acréscimo de notas estranhas ao modo original *re* dórico, definido pela insistência da cadência Dm7 G7 em sua versão original.

Segue aqui uma harmonização modal, tocando a música com repetição para permitir a intensificação gradativa de dissonâncias. faixa 62

1ª VEZ   Bb7M(#11)

2ª VEZ   Cadd9   Fm6/Ab

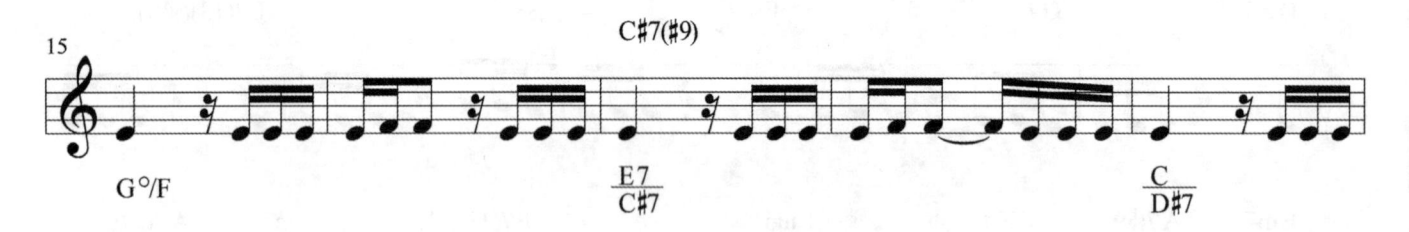

ANÁLISE DA HARMONIA

1ª VEZ

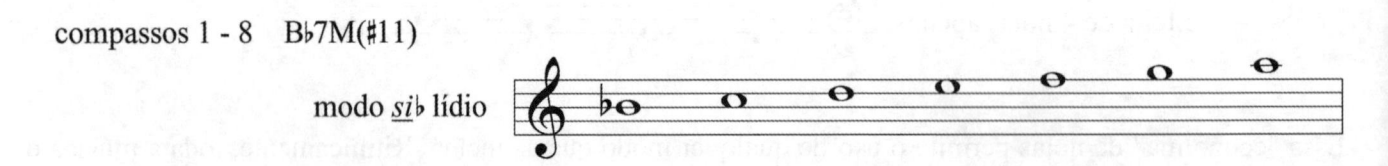

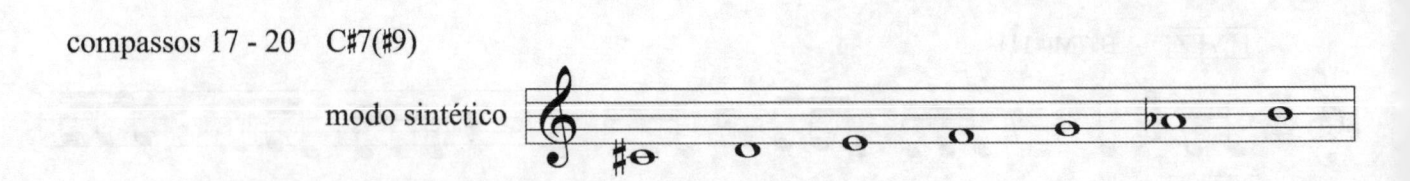

compassos 1 - 8   Bb7M(#11)

modo *sib* lídio

compassos 9 - 16   E4(b9)

modo *mi* frígio

compassos 17 - 20   C#7(#9)

modo sintético

compassos 21 - 24   Bb7(#9)   E7($\genfrac{}{}{0pt}{}{b5}{b9}$)

modo sintético

2ª VEZ

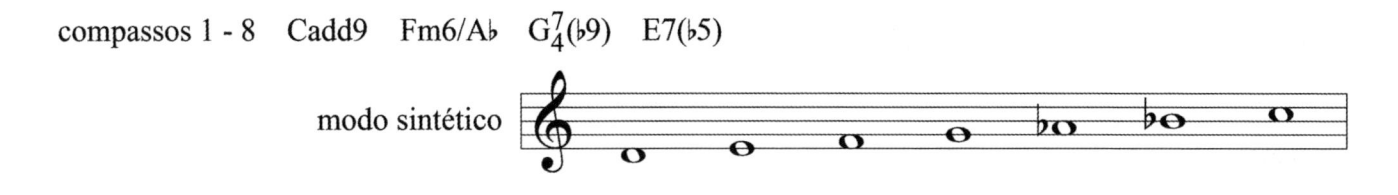

compassos 1 - 8   Cadd9   Fm6/Ab   G$^7_4$(b9)   E7(b5)

modo sintético

compassos 9 - 16   Gm/F   Bb(#11)/F   Bbm6/F   G°/F

modo sintético

Todos os modos, até aqui, incluem as 4 notas da melodia. A partir daqui, poderíamos criar bi-acordes com cifras de "dois andares": um acorde em baixo, outro em cima. Neste caso, deixamos de pensar em modos e focamos somente em acordes. Incluir as notas da melodia já não é necessário. Essa última textura apresenta a maior riqueza em dissonâncias.

Caro leitor! Leve uma substanciosa merenda para a longa jornada da vida: crie você mesmo uma escala dentro de uma oitava, ou até mesmo dentro de duas oitavas, com qualquer número de notas, livremente escolhidas, sem repetir nenhuma. Componha uma música, utilizando essas notas, cada uma em sua respectiva altura. Um novo universo se descortinará à sua frente!

F ◆ RESOLUÇÃO DOS EXERCÍCIOS

Exercício 183   a) relativas   b) homônimas

Exercício 184   a) 3♭   b) 2♭ comp. 7, 8, 9 (fusão jôn/líd), 10 (fusão mixo/eól)   c) 2♯

Exercício 185   a) 3♯   b) 1♯   c) 2♭

Exercício 186   a) 2♯   b) 1♭   c) 4♯

Exercício 187   a) 5♯   b) 2♯   c) 3♯

Exercício 188   a) em *dó* maior

Exercício 189   *"Let it be"*

| 4/4 ‖: | C G | Am F | C G | F C :‖ | C Em | Am C | C G | F C ‖

Exercício 190   *"Beco do Mota"*

| 3/2 | Am   C/G | F   C | Am   Em/G | F   C ‖

Exercício 191   *"Caminho de pedra"*

| ¢ | C   B♭/C | C   B♭/C | C   B♭ | F6/A Gm7 | C   B♭/C | C   B♭/C ‖

‖ C   B♭/D | C/E   F6 | C7/G   Gm/F | C6/E   B♭6/D | C   B♭/C | C   B♭/C ‖

D.C.

Exercício 194 *"Melodia A"* faixa 63

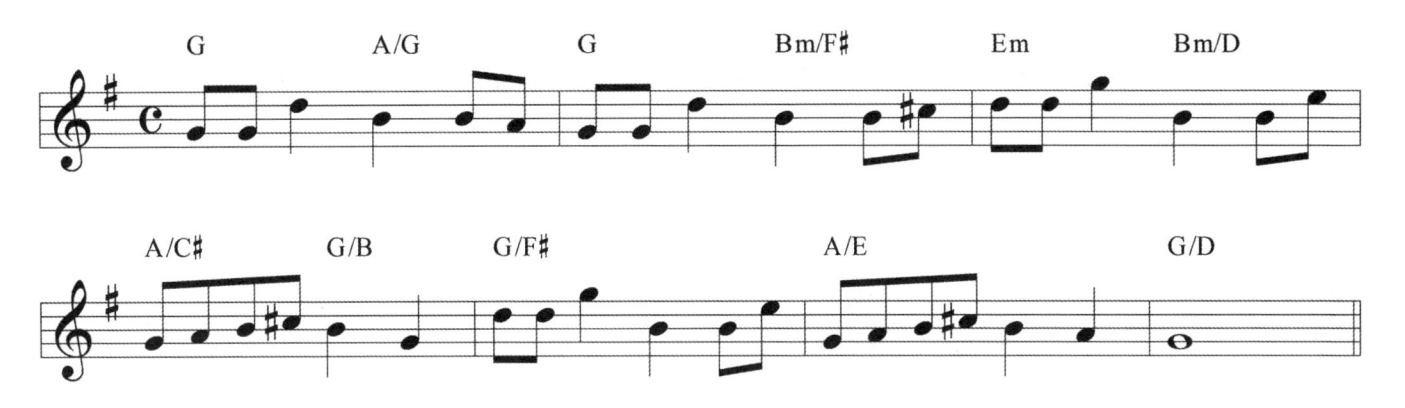

Exercício 195 *"O cio da terra"* faixa 64

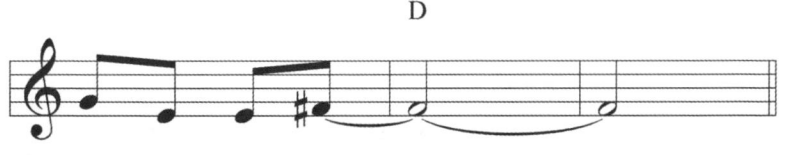

Exercício 196 *"Pra não dizer que não falei das flores"* faixa 65

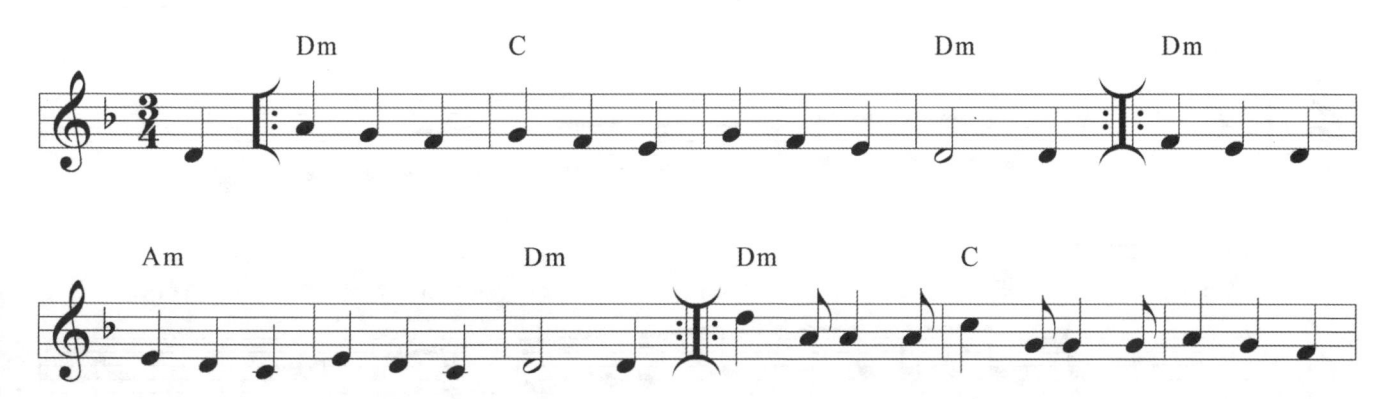

Exercício 197 "Pato preto"

Exercício 198 "Tonta"

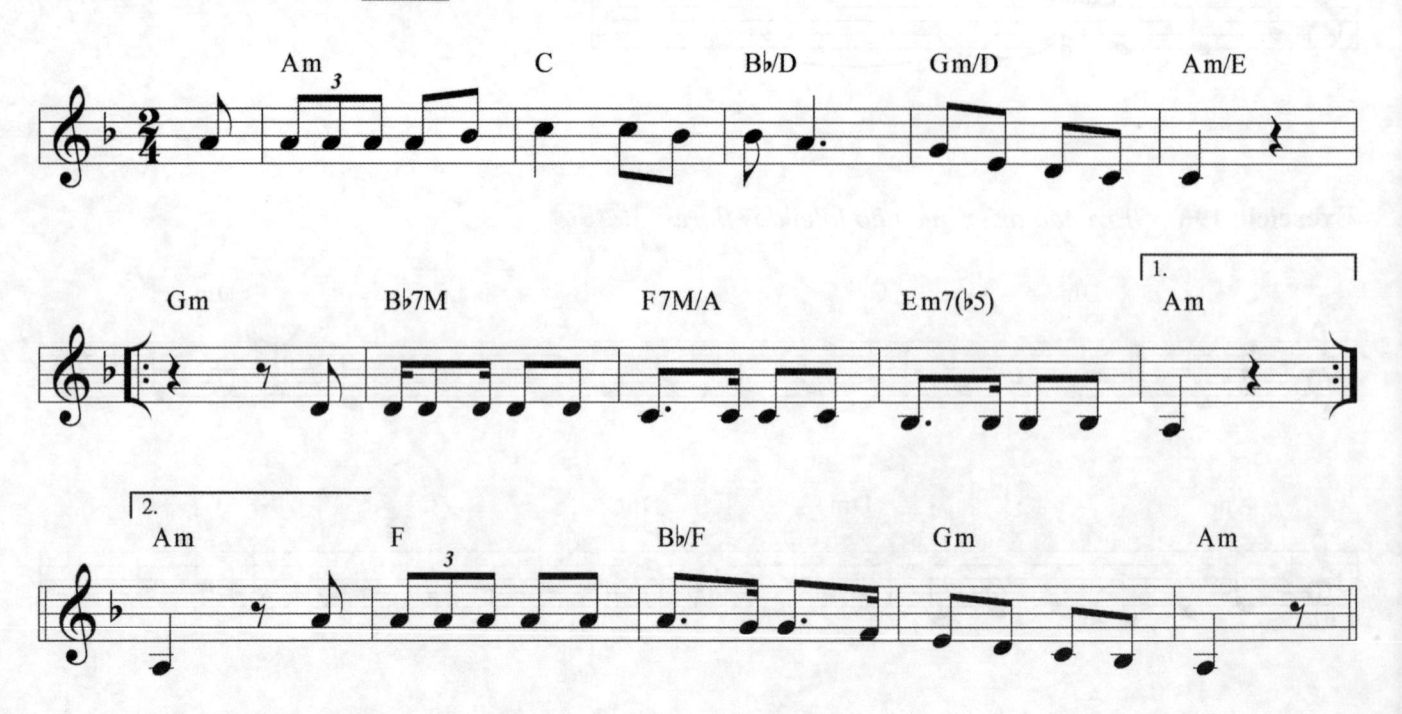

Exercício 199 *"Canto dos caboclos"* faixa 68

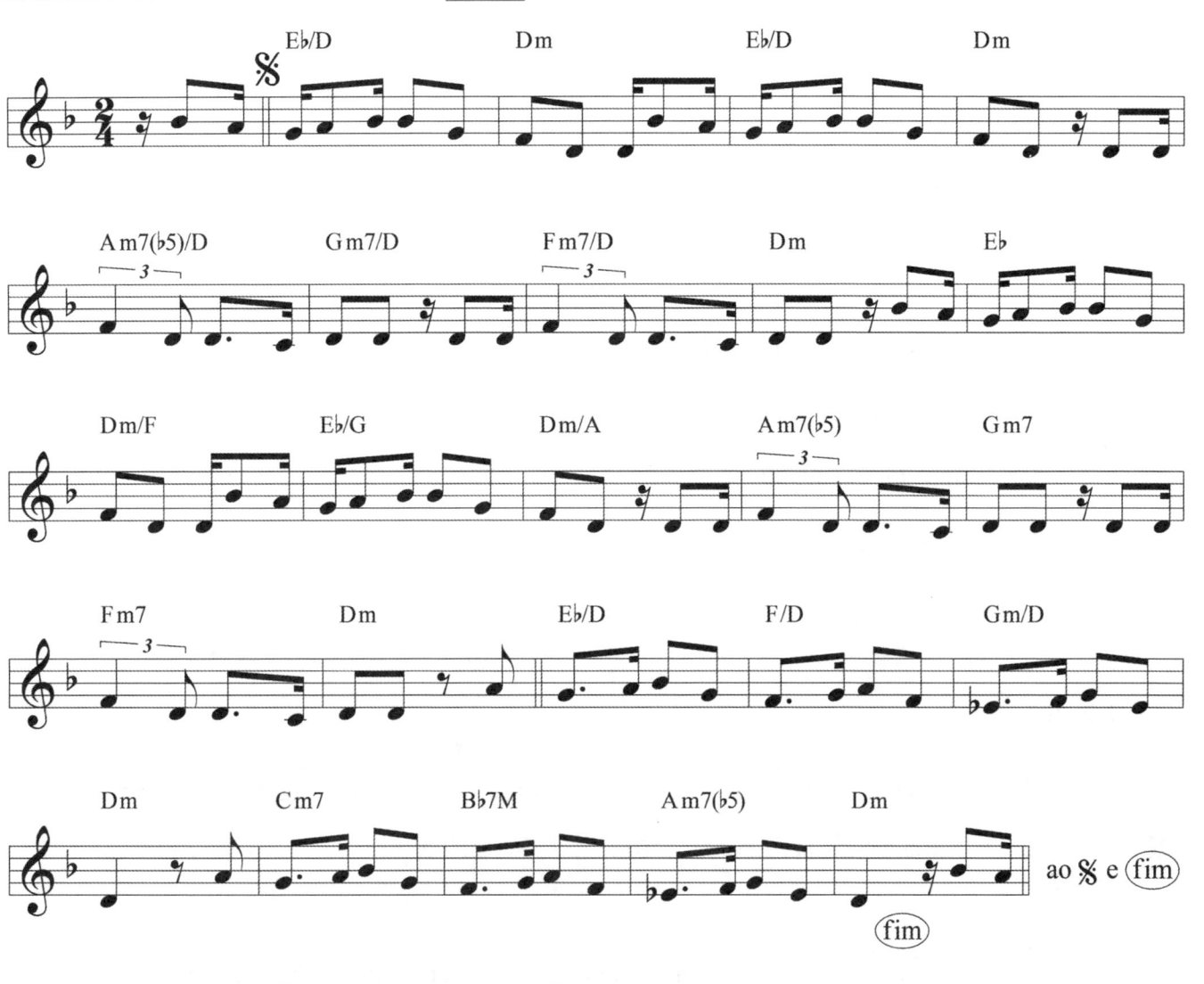

Exercício 200   B7 $B_4^7(9)$ Bm(7M)   B6 $E_4^7(9)$

Exercício 201   B7 mixo $B_4^7(9)$ mixo

Bm(7M) men mel   B6 jôn $E_4^7(9)$ *mi* mixo

Exercício 202 *"Melodia B"* faixa 69

Exercício 203

centro *la*
- jôn - comp. 1, 3, 5, 11, 13, 15
- mixo - comp. 2
- dór - comp. 4, 6, 12, 14
- tonal - comp. 7, 8, 9 (fusão jôn/líd), 10 (fusão mixo/eól)

centro *fa*♯
- fusão eól/lócr - comp. 17, 18, 21, 22
- fusão eól/fríg - comp. 19, 20, 23, 24
- dór - comp. 25, 26, 29, 30
- fríg - comp. 27, 28, 31, 32

Exercício 204

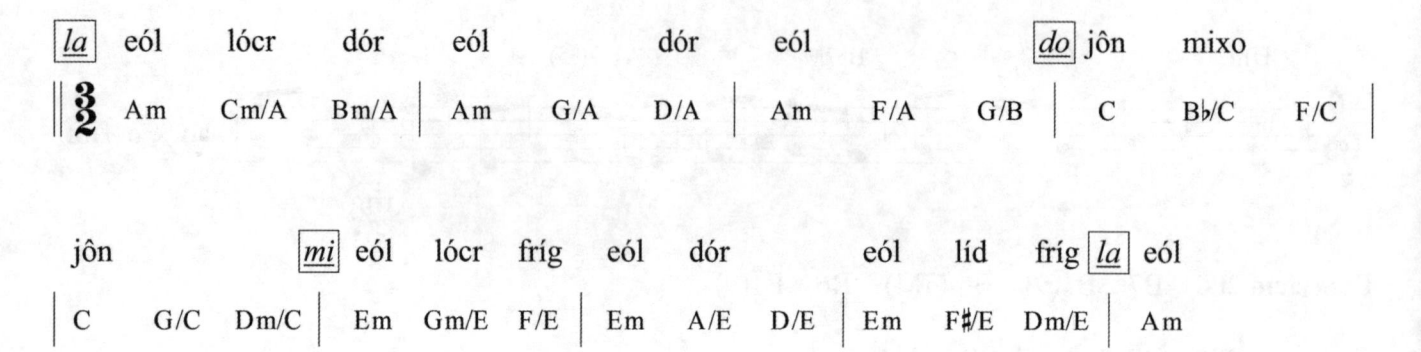

	la	eól	lócr	dór	eól		dór	eól		*do*	jôn	mixo
3/2	Am	Cm/A	Bm/A	Am	G/A	D/A	Am	F/A	G/B	C	B♭/C	F/C

jôn		*mi*	eól	lócr	fríg	eól	dór		eól	líd	fríg	*la*	eól
C	G/C	Dm/C	Em	Gm/E	F/E	Em	A/E	D/E	Em	F♯/E	Dm/E	Am	

Exercício 205

a) modo nordestino, de *si*.

b) as cifras A E F♯m7 formam o modo mixolídio, pela presença da nota *mi*. Na melodia não há nota fora do modo.

Exercício 206

fusão mixolídio (comp. 1 - 7) e lídio (comp. 8 - 15).

Exercício 207

a) centro modal *do*, exceto comp. 8 - 11 em *fa*

b) comp. 1 - 7 modo nordestino em *do*
   comp. 8 - 11 modo nordestino em *fa*
   comp. 12 - 18 *do* dórico exceto comp. 15 frígio

Exercício 208   *"Asa branca"*   faixa 70

Exercício 209 *"Blue monk"*

a)
I7	IV7	I V7 I V7 IV	♯IV°	I7 V7 I	V7		I	
B♭7	E♭7	B♭ F7 B♭ B♭7 E♭	E°	B♭7 F7 B♭	F7	∕.	B♭	∕.

c) *blue notes* na melodia: <u>mi</u>♮ <u>do</u>♯

Exercício 210 mixolídio e dórico

Exercício 211 sim, <u>mi</u>♮

Exercício 212 D♭7 nos comp. 1, 8, 11
D7 no comp. 7
B7 no comp. 9

Exercício 213 dórico

Exercício 214 *"Summertime"*

Im6 V7			Im6 V7 IVm	IIm7(♭5) V7
Am6 Bm6 [E7(9)]	∕.	∕.	Am6 A7 Dm	Cm7 F7 Bm7(♭5) E7

Im6 V7		Im6 IV7	♭III6 Im7 IIm7(♭5) V7 Im6 V7 Im6
Am6 Bm6	∕.	Am6 D7	C6/E Am7 Bm7(♭5) E7 Am6 Bm6 Am6

Exercício 215 comp. 8, 9, 10, 12, 13, 14, 17

Exercício 216 a) C7   b) G7

Exercício 217   "Redwood Empire"

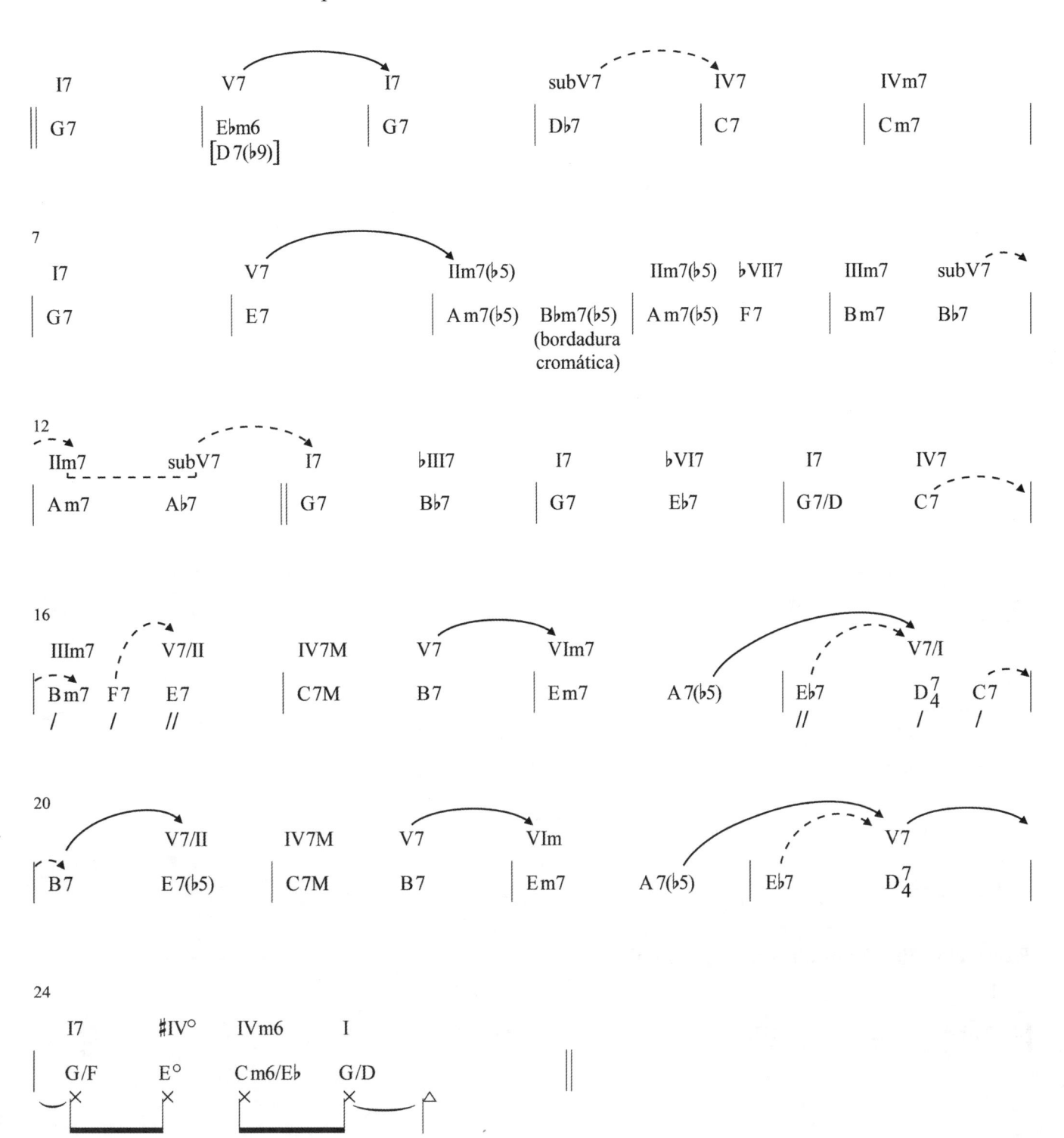

	I7	V7	I7	subV7	IV7	IVm7	
‖	G7	E♭m6 [D7(♭9)]	G7	D♭7	C7	Cm7	

7

	I7	V7	IIm7(♭5)	IIm7(♭5) ♭VII7	IIIm7	subV7
	G7	E7	Am7(♭5) B♭m7(♭5) (bordadura cromática)	Am7(♭5) F7	Bm7	B♭7

12

IIm7 subV7	I7	♭III7	I7	♭VI7	I7	IV7
Am7 A♭7	‖ G7	B♭7	G7	E♭7	G7/D	C7

16

IIIm7 V7/II	IV7M	V7	VIm7		V7/I
Bm7 F7 E7	C7M	B7	Em7	A7(♭5)	E♭7 D$^7_4$ C7
/ / //				//	/ /

20

	V7/II	IV7M	V7	VIm		V7
B7	E7(♭5)	C7M	B7	Em7	A7(♭5)	E♭7 D$^7_4$

24

I7	♯IV°	IVm6	I
G/F	E°	Cm6/E♭	G/D
	[C♯°]		

Exercício 218   *lá*♭ comp. 4
ré♯ (*mi*♭) comp. 9, 10, 17, 19, 21

Exercício 219 *"Volks Volkswagen blue"*

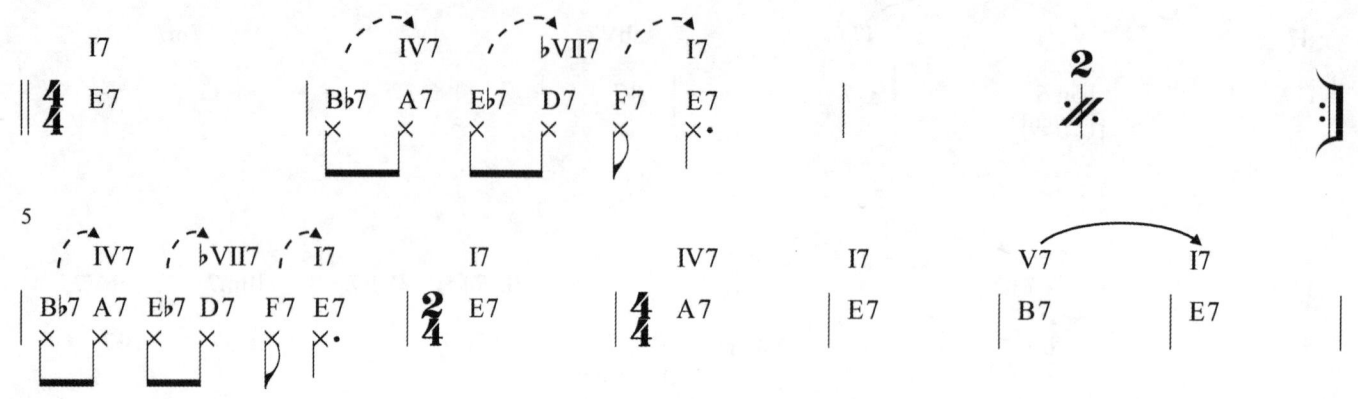

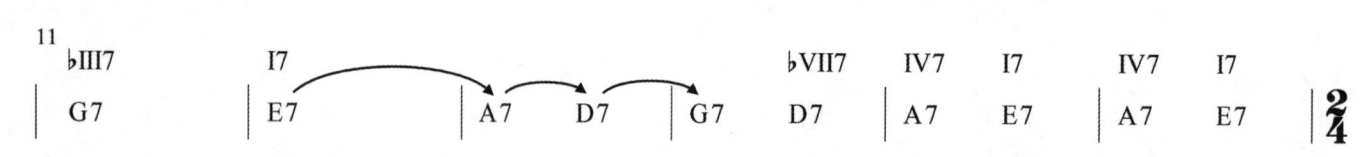

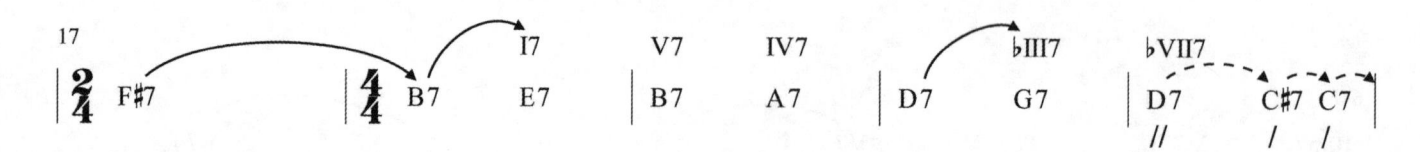

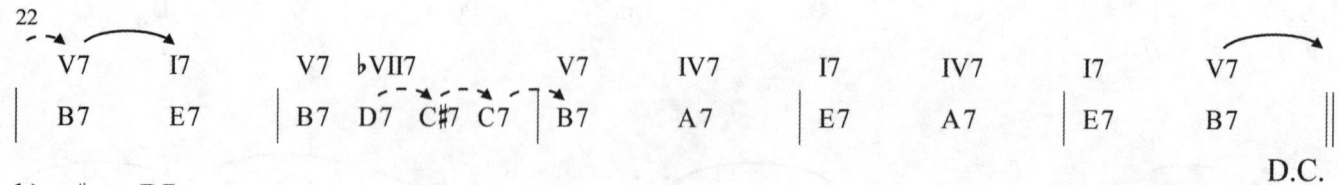

a)

```
     I7                    IV7      ♭VII7    I7
‖: 4/4 E7        | Bb7 A7  Eb7 D7  F7 E7 |        | %2 |          :‖
    5  IV7  ♭VII7  I7                I7       IV7         I7      V7    I7
    | Bb7 A7 Eb7 D7 F7 E7 | 2/4 E7 | 4/4 A7 | E7    | B7       E7    |
   11 ♭III7    I7                        ♭VII7  IV7  I7   IV7  I7
    | G7   | E7   A7   D7   G7 | D7 | A7  E7 | A7  E7 | 2/4
   17                    I7    V7   IV7         ♭III7    ♭VII7
    | 2/4 F#7 | 4/4 B7  E7 | B7  A7 | D7   G7 | D7    C#7 C7 |
   22 V7   I7   V7 ♭VII7    V7   IV7  I7   IV7  I7   V7
    | B7  E7 | B7 D7 C#7 C7 | B7  A7 | E7  A7 | E7   B7 ‖
```
D.C.

b) *re*♯ em B7

c) dominante

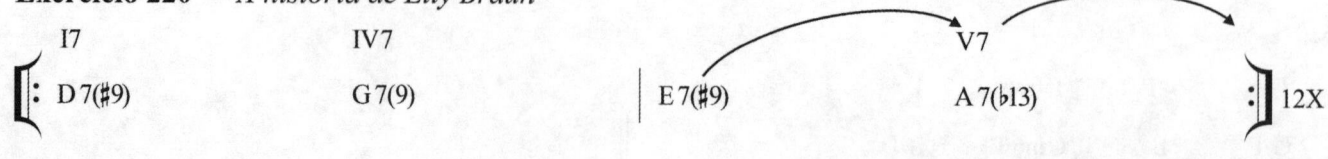

Exercício 220 *"A história de Lily Braun"*

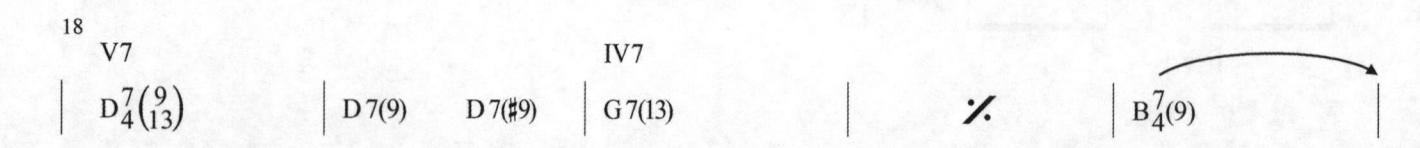

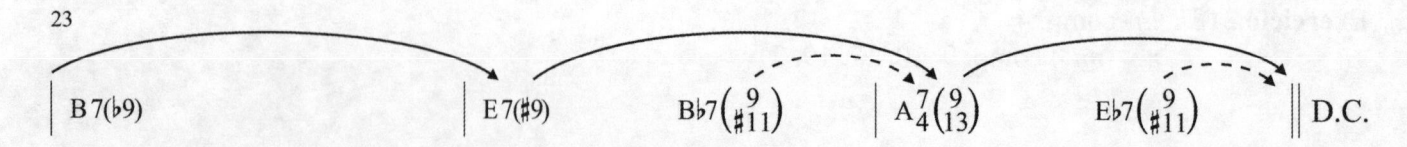

```
      I7              IV7                             V7
‖: D7(#9)      | G7(9)       | E7(#9)       A7(b13)  :‖ 12X
   18 V7                      IV7
   | D7/4(9,13) | D7(9)  D7(#9) | G7(13) | % | B7/4(9) |
   23
   | B7(b9)   | E7(#9) | Bb7(9,#11) A7/4(9,13) | Eb7(9,#11) ‖ D.C.
```

Exercício 223 *"A cédrusfa"*

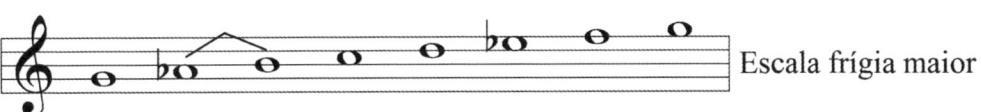

a)

Escala frígia maior

b) faixa 71

c)

Exercício 224 *"Zöld erdöben"*

a) mixolídio 6m   frígio

b) não

c) faixa 72

Exercício 225 *"Rózsám szeretsz-e"*

a) mixolídio   dórico 4 aum

b) sim

c) faixa 73

Exercício 226 *"Malagueña"*

frígio maior

Exercício 227 *"Carmen"*

a) 2 centros modais, conduzindo ao modo 3m↑

b) sim

c) comp. 1-4 e 9-12 (3m↑)   comp. 5 e 13 (3m↑)

menor harmônico duplo   maior harmônico duplo

modulação tonal nos compassos 6 - 8 e 14 - 16
d) não

Exercício 228 *"Bolero"*

centro tonal *do*: comp. 1 - 18 jôn, 19 - 22 mixo, 23 - 26 fríg maior, 27 - 31 mixo 6m, 32 - 36 fríg, 37 - 40 mixo 6m,

centro tonal *mi*: comp. 41 - 44, mixo 6m, 45 - 46 fríg, 47 - 48 mixo 6m, 49 - 54 mesclado

Exercício 229 *"Dança nº 1"*

dórico / eólio

Exercício 230 *"Dança nº 2"*

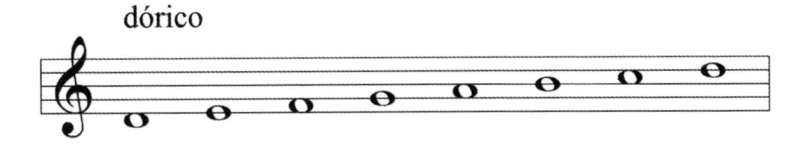

dórico

Exercício 231 *"Dança nº 3"*

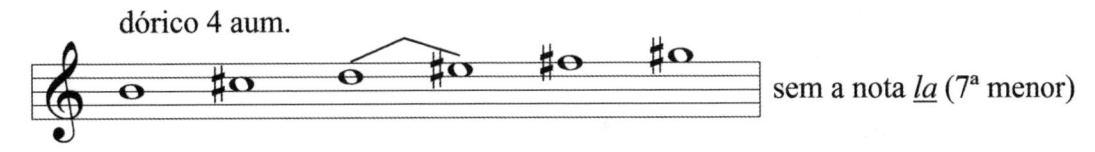

dórico 4 aum.

sem a nota *la* (7ª menor)

Exercício 232 *"Dança nº 4"*

frígio maior / frígio

Exercício 233 *"Dança nº 5"*

a) *re* jônio

b) não

Exercício 234 *"Dança nº 6"*

comp. 1-4 e 9-12 pentacórdio lídio

comp. 5-8 e 13-16 pentacórdio lídio

comp. 17 - 24 pentacórdio lídio

comp. 25-32 jônio (devido a baixo pedal)

comp. 33-40 mixolídio/dórico (devido à harmonia)

comp. 41-46 e 49-54 mixolídio (devido à harmonia)

comp. 47-48 e 55-61 frígio maior

FAIXAS DO CD ANEXO

MODALISMO

- faixa 01   solfejo escalas relativas   10
- faixa 02   solfejo escalas homônimas tipo maior   11
- faixa 03   solfejo todas escalas homônimas   12

MODOS NATURAIS

- faixa 04   jônio *"Correnteza"* (exemplo 06)   15
- faixa 05   jônio *"Let it be"* (exercício 189)   15
- faixa 06   jônio *"Beco do Mota"* (exercício 190)   16
- faixa 07   jônio *"Ponta de areia"* (exemplo 07)   17
- faixa 08   mixolídio *"Asa branca"* (exemplo 10)   18
- faixa 09   mixolídio *"O ovo"* (exemplo 11)   19
- faixa 10   mixolídio *"Caminho de pedra"* (exercício 191)   19
- faixa 11   lídio *"Trilhos urbanos"* (exemplo 14)   20
- faixa 12   eólio *"Tigresa"* (exemplo 17)   22
- faixa 13   eólio *"Pra não dizer que não falei das flores"* (exercício 196)   23
- faixa 14   dórico *"Reza"* (exemplo 20)   24
- faixa 15   dórico *"Pato preto"* (exercício 197)   24
- faixa 16   frígio *"Tonta"* (exercício 198)   25
- faixa 17   frígio *"Canto dos caboclos"* (exercício 199)   26
- faixa 18   frígio *"Chovendo na roseira"* (exemplo 23)   26
- faixa 19   fusão *"Casa forte"* (exemplo 25)   28
- faixa 20   fusão *"Canção do sal"* (exemplo 26)   29
- faixa 21   mudança de centro *"Morro velho"* (exemplo 27)   30
- faixa 22   mudança de centro *"Orriveorriveorrível"* (exemplo 28)   31
- faixa 23   mudança de centro *"Ciranda"* (exemplo 29)   31

MODOS FOLCLÓRICOS

- faixa 24   nordestino *"Gravidade"* (exemplo 30)   36
- faixa 25   nordestino *"Chegança"* (exemplo 31)   36
- faixa 26   nordestino *"Em volta da fogueira"* (exercício 207)   37
- faixa 27   nordestino *"Asa branca"* (exercício 208)   38
- faixa 28   blues *"Blue monk"* (exemplo 32)   40
- faixa 29   blues *"Blues in the night"* (exemplo 33)   41
- faixa 30   blues menor *"Goodbye pork pie hat"* (exemplo 34)   42
- faixa 31   blues menor *"Summertime"* (exemplo 35)   42
- faixa 32   blues Brasil *"Back in Bahia"* (exemplo 36)   43
- faixa 33   blues Brasil *"Sonho molhado"* (exemplo 38)   44
- faixa 34   blues Brasil *"Redwood Empire"* (exemplo 39)   44
- faixa 35   blues Brasil *"Volks Volkswagen blue"* (exemplo 40)   46
- faixa 36   blues Brasil *"A história de Lily Braun"* (exemplo 41)   47

MODOS ORIENTAIS

- faixa 37   *"Eddig vendég jól mulattál"* (exemplo 42)   49
- faixa 38   *"Hava Nagila"* (exemplo 43)   50
- faixa 39   *"Casa aberta"* (exemplo 44)   50
- faixa 40   *"A cédrusfa"* (exercício 223)   51
- faixa 41   *"A jó lovas katonának"* (exemplo 45)   51
- faixa 42   *"Kecskemét is kiállítja"* (exemplo 46)   52
- faixa 43   *"Zöld erdöben"* (exercício 224)   53
- faixa 44   *"Ó mely sok hal"* (exemplo 47)   53
- faixa 45   *"Fehér László lovat lopott"* (exemplo 48)   54
- faixa 46   *"Rózsám szeretsz-e"* (exercício 225)   54
- faixa 47   *"Canção folclórica húngara"* (exemplo 49)   55
- faixa 48   *"A ponte de pedra em arcos, para o oriente, e suas cinco quebradas"* (exemplo 50)   55
- faixa 49   *"Malagueña"* (exemplo 51)   56
- faixa 50   *"Carmen"* (exemplo 52)   56
- faixa 51   *"Caravan"* (exemplo 53)   57
- faixa 52   *"Bolero"* (exercício 228)   57

FUSÃO MODAL/TONAL

- faixa 53   *"Dança nº 1"* (exemplo 54)   59
- faixa 54   *"Dança nº 2"* (exemplo 55)   60
- faixa 55   *"Dança nº 3"* (exemplo 56)   61
- faixa 56   *"Dança nº 4"* (exemplo 57)   62
- faixa 57   *"Dança nº 5"* (exemplo 58)   62
- faixa 58   *"Dança nº 6"* (exemplo 59)   63

MODOS SINTÉTICOS

- faixa 59   *"Sonho de um carnaval"* - original (exemplo 60)   65
- faixa 60   *"Sonho de um carnaval"* rearmonização (exemplo 60)   66
- faixa 61   *"A rã"* - original (exemplo 61)   67
- faixa 62   *"A rã"* - rearmonização (exemplo 61)   67

RESOLUÇÕES

- faixa 63   exercício 194 *"Melodia A"* (lídio)   71
- faixa 64   exercício 195 *"O cio da terra"* (eólio)   71
- faixa 65   exercício 196 *"Pra não dizer que não falei das flores"* (eólio)   71
- faixa 66   exercício 197 *"Pato preto"* (dórico)   72
- faixa 67   exercício 198 *"Tonta"* (frígio)   72
- faixa 68   exercício 199 *"Canto dos caboclos"* (frígio)   73
- faixa 69   exercício 202 *"Melodia B"* (lócrio)   73
- faixa 70   exercício 208 *"Asa branca"* (nordestino)   75

faixa 71 exercício 223 *"A cédrusfa"* (oriental)   79
faixa 72 exercício 224 *"Zöld erdöben"* (oriental)   79
faixa 73 exercício 225 *"Rózsám szeretsz-e"* (oriental)   80

ÍNDICE DE MÚSICAS

A cédrusfa   51   79

A história de Lily Braun   47   78

A jó lovas katonának   51

A ponte de pedra em arcos   55

A rã   57

Asa branca   18   38   75

Back in Bahia   44

Beco do Mota   16   70

Blue Monk   40   76

Blues in the night   41

Bolero   57   80

Caminho de pedra   19   70

Canção do sal   29

Canção folclórica húngara   55

Canto dos caboclos   26   73

Caravan   57

Carmen   56   80

Casa aberta   50

Casa forte   28

Chegança   36

Chovendo na roseira   26

Ciranda   31

Correnteza   15

Eddig vendég jól mulattál   49

Em volta da fogueira   37

Fehér László lovat lopott   54

Goodbye pork pie hat   42

Gravidade   36

Hava Nagila   50

Kecskemét is kiállítja   52

Let it be   15   70

Malagueña   56   80

Melodia A   21   71

Melodia B   27   73

Morro velho   30

O cio da terra   22   71

Ó mely sok hal   53

O ovo   19

Orriveorriveorrível   31

Pato preto   24   72

Ponta de areia   17

Pra não dizer que não falei das flores   23   71

Redwood Empire   44   77

Reza   24

Rózsám szeretsz-e   54   80

Seis danças romenas   59

Sonho de um carnaval   65

Sonho molhado   44

Summertime   42   76

Tigresa   22

Tonta   25   72

Trilhos urbanos   20

Volks Volkswagen blue   46   78

Zöld erdöben   53   79

ÍNDICE REMISSIVO

acidente   11   49
acorde   14
acorde invertido   14
acorde primário   18
armadura   12
armadura diferente   49
baixo pedal   14
barra de compasso   20
blues   39
blues menor   41
blues no Brasil   43
bordadura   48
cadência   18
centro modal   14
cifra   14
clave   12
consonância   34
diminuto   14
dissonância   34
do móvel   11
dominante   14
escala pentatônica   39
escalas homônimas   11
escalas relativas   10
fusão dos modos   28
fusão modal/tonal   59
gama de sons   9
graus   14
groove   25
intervalo   9
levada   15
linha do baixo   14
melodia cifrada   14
modal não-funcional   50

modalismo   9
modelo maior   11
modelo menor   11
modo   10
modo dórico   23
modo eólio   21
modo frígio   25
modo jônio   14
modo lídio   20
modo lócrio   27
modo mixolídio   18
modo nordestino   35
modos folclóricos   34
modos naturais   14
modos orientais   48
modos sintéticos   65
nota característica   14
nota cromática   10
oitava   9
ostinato   33
pentatônico   65
progressão   14
retrógrado   15
série harmônica   33
solfejo   10
solfejo absoluto   10
solfejo relativo   10
tétrade   14
tom   14
tonalismo   9
tônica   9
tríade   14
trítono   25
work-song   39

AGRADECIMENTOS

O professor, frente aos alunos, não "ensina", mas "aprende" — diz o francês. A. Schoenberg afirma em seu livro sobre harmonia: "este livro eu aprendi com meus alunos". Aprender e ensinar é uma coisa só, trabalho em equipe.

A quem devo agradecer este livro? A você, que o tem à mão. (A quem mais?)

A imagem de um final-de-aula me persegue: assédio de alunos por todo lado, aperto de mãos e abraços, perguntas e dúvidas crivando o ar. E aquele agarrar do violão e correr ao piano, para conferir. Haverá realização maior?

Diz o ditado: ninguém é igual a si mesmo em seu próximo momento...

A HISTÓRIA DE LILY BRAUN – Edu Lobo e Chico Buarque
Copyright © by LOBO MUSIC PRODUÇÕES ARTÍSTICAS LTDA (50%)
Copyright © by MAROLA EDIÇÕES MUSICAIS LTDA (50%)

A RÃ – Caetano Veloso e João Donato
Copyright © by WARNER CHAPPELL EDIÇÕES MUSICAIS LTDA (100%)

ASA BRANCA – Luiz Gonzaga e Humberto Teixeira
Copyright © by EDITORA E IMPORTADORA MUSICAL FERMATA DO BRASIL LTDA (100%)

BACK IN BAHIA – Gilberto Gil
Copyright © by GEGÊ EDIÇÕES MUSICAIS LTDA (100%)

BLUE MONK – Thelonious Monk
Copyright © by THELONIOUS MUSIC CORPORATION (100%)

BLUES IN THE NIGHT – Harold Arlen e Johnny Mercer
Copyright © by WARNER CHAPPELL EDIÇÕES MUSICAIS LTDA (100%)

CANÇÃO DO SAL – Milton Nascimento
Copyright © by EDITORA E IMPORTADORA MUSICAL FERMATA DO BRASIL LTDA (50%)
Copyright © by WARNER CHAPPELL EDIÇÕES MUSICAIS LTDA (50%)

CARAVAN – Duke Ellington, Irving Mills e Juan Tizol
Copyright © 1950 by EMI Songs do Brasil Edições Musicais Ltda (EMI Mills Music Inc.) (100%)

CHOVENDO NA ROSEIRA – Tom Jobim
Copyright © by JOBIM MUSIC LTDA (100%)

CIRANDA – Ian Guest e Ronaldo Bastos
Copyright © by TRÊS PONTAS EDIÇÕES MUSICAIS/DUBAS MÚSICA LTDA (100%)

GOODBYE PORK PIE HAT – Charles Mingus e Joni Mitchell
Copyright © by JAZZ WORKSHOP/CRAZY CROW MUSIC
(SM PUBLISHING (BRAZIL) EDIÇÕES MUSICAIS LTDA) (100%)

GRAVIDADE – Caetano Veloso
Copyright © by WARNER CHAPPELL EDIÇÕES MUSICAIS LTDA (100%)

MALAGUEÑA – Ernesto Lecuona
Copyright © by EDWARD B. MARKS MUSIC CORPORATION (100%)

MORRO VELHO – Milton Nascimento
Copyright © by WARNER CHAPPELL EDIÇÕES MUSICAIS LTDA (100%)

O CIO DA TERRA – Milton Nascimento e Chico Buarque
Copyright © 1982 by NASCIMENTO EDIÇÕES MUSICAIS LTDA (50%)
Copyright © by MAROLA EDIÇÕES MUSICAIS LTDA (50%)

PONTA DE AREIA – Fernando Brant e Milton Nascimento
Copyright © by TRÊS PONTAS EDIÇÕES MUSICAIS/DUBAS MÚSICA LTDA (50%)
Copyright © 1982 by NASCIMENTO EDIÇÕES MUSICAIS LTDA (50%)

PRA NÃO DIZER QUE NÃO FALEI DAS FLORES – Geraldo Vandré
Copyright © by EDITORA E IMPORTADORA MUSICAL FERMATA DO BRASIL LTDA (100%)

TIGRESA – Caetano Veloso
Copyright © by WARNER CHAPPELL EDIÇÕES MUSICAIS LTDA (100%)

TRILHOS URBANOS – Caetano Veloso
Copyright © by WARNER CHAPPELL EDIÇÕES MUSICAIS LTDA (100%)

VOLKS VOLKSVAGEN BLUE – Gilberto Gil
Copyright © by GEGÊ EDIÇÕES MUSICAIS LTDA (100%)